Die Heere des Schmalkaldischen Kriege

Deutsches Landsknechtwesen
in der Mitte des 16. Jahrhunderts

„Zulest wurden die Churfurstischen durch die spanischen schuzen und das schuzenfeinlin, so in der Elbe hielte, abgedrungen, und gewannen die keiserischen die Elbe uf beiden Seiten inne."

Heinrich Lersner über die Schlacht bei Mühlberg

Danksagung

Der Autor dankt „seinem“ inzwischen eingespielten Team beim Zeughaus Verlag für die wiederholt gute Zusammenarbeit. Sascha Lunyakov fertigte wie immer die Illustrationen, Herr Bernhard Glänzer steuerte die Karten bei und Frau Katja Leipnitz merzte unermüdlich orthographische Schwächen aus. Stefan Müller fügte das Ganze dann wie gewohnt zu einem ansprechenden Band zusammen. Ihnen allen sei herzlichst gedankt.
Und natürlich danke ich auch meiner Frau und meinen Kindern, die mich motiviert und mir die nötigen Freiräume für meine Arbeit gelassen haben.

Autor : Alexander Querengässer
Zeichnungen: Sascha Lunyakov
Karten: Bernhard Glänzer

Lektorat: Katja Leipnitz
Layout: Stefan Müller

Herausgeber: Zeughaus Verlag GmbH
Knesebeckstr. 88
10623 Berlin

Telefon: 030/315 700 30
Fax: 030/315 700 77
Email: info@zeughausverlag.de
Internet: www.zeughausverlag.de

Printed in European Union

Bibliografische Informationen der Deutschen Bibliothek
Die Deutsche Bibliothek verzeichnet diese Publikation in der Deutschen Nationalbibliografie; detaillierte bibliografische Daten sind im Internet über http://dnb.ddb.de abrufbar.

ISBN: 978-3-96360-009-8

Titelbild:
Pikenier um 1525; Offizier zu Pferd, 1547;
Arkebusier um 1540.

Der Inhalt

Zeittafel

1517, 31. Oktober	Martin Luther schlägt in Wittenberg seine 96 Thesen an.
1519, 28. Juni	Karl I. von Spanien wird zum Römischen König gewählt (1530 Krönung zum Kaiser durch den Papst).
1524/25	Bauernunruhen im Reich
1529	Speyrer Protestation, beginnende Blockbildung der protestantischen Reichsstände.
1531, 27. Februar	Gründung des Schmalkaldischen Bundes.
1542	
April	Wurzener Fladenkrieg
Juli	Besetzung Wolfenbüttels durch den Schmalkaldischen Bund
1546	
Ab Juni	Reichstag in Regensburg
19. Juni	Bündnis zwischen Karl V. und Moritz von Sachsen
4. Juli	Treffen von Ichtershausen
10. Juli	Besetzung von Füssen durch Truppen des Schmalkaldischen Bundes
20. Juli	Karl V. verhängt die Reichsacht über die Bundesfürsten
24. Juli	Beginn der Belagerung von Ingolstadt durch die Bundestruppen
Anfang Oktober	Belagerung Nördlingens durch die kaiserliche Armee
Ende Oktober	Eine herzoglich-sächsisch-böhmische Armee marschiert im Vogtland ein
16. November	Trennung der Bundesarmee, Johann Friedrich marschiert nach Sachsen zurück.
1547	
6. – 27. Januar	Belagerung Leipzigs durch Johann Friedrich I.
24. April	Schlacht bei Mühlberg
19. Mai	Kurfürst Johann Friedrich I. von Sachsen unterzeichnet die Wittenberger Kapitulation
23. Mai	Schlacht bei Drakenburg
1550	
September – November	1551 Belagerung Magdeburgs
1551	
22. Mai	Abschluss des Torgauer Bundes
1552	
15. Januar	Vertrag von Chambord zwischen den Fürsten des Torgauer Bundes und Frankreich
18. April	Protestantische Truppen unter Moritz von Sachsen erobern Linz
19. Mai	Protestantische Truppen unter Moritz von Sachsen erobern die Ehrenberger Klause
23. Mai	Protestantische Truppen unter Moritz von Sachsen besetzen Innsbruck
2. August	Abschluss des Passauer Vertrages
1553	
9. Juli	Schlacht bei Sievershausen
26. November	Kaiserliche Truppen erobern Kulmbach
1554	
13. Juni	Schlacht bei Stadtschwarzach/Kitzingen
1555	
25. September	Abschluss des Augsburger Religionsfrieden.

TERRITORIALE ZERSPLITTERUNG UND KONFESSIONELLE BLOCKBILDUNG

Am 31. Oktober 1517 schlug Martin Luther seine Thesen an das Portal der Wittenberger Stadtkirche. Der Augustinermönch, der eigentlich nur Kritik an den bestehenden Kirchenverhältnissen äußern wollte, setzte eine religiöse, aber auch politische Revolution in Gang, die zunächst das Reich und später ganz Europa erschütterte.

Dieses Reich hatte sich nach einem Machtverfall des Kaisers im Spätmittelalter auf dem Wormser Reichstag von 1495 erst neu konsolidiert. Es war ein Mehrebenenstaat, dessen politische Verfassung auf dem beschlossenen Ewigen Landfrieden, periodisch tagenden Reichstagen, einem ortsgebundenen Reichskammergericht, der Reichskreisverfassung, der Romzugmatrikel und der kaiserlichen Wahlkapitulation fußte. Diese zwischen Kaiser und Reichsständen – Fürsten, reichsunmittelbare Grafen und Herren, Städte und geistliche Fürstentümer – ausgehandelte Ordnung sollte sich im Verlauf des 16. Jahrhunderts weiter verfestigen. Der Kaiser war der Garant der inneren Rechtssicherheit. Er und das Reich garantierten den Bestand der kleineren Reichsstände. Doch nach dem Tod Maximilians I. sah sich dieses „neue" Reich mit drei gravierenden Problemen konfrontiert. Zunächst galt es, ein neues Reichsoberhaupt zu wählen. Maximilian hatte – nachdem er zwischenzeitlich die Kandidatur des englischen Königs Heinrich VIII. in Erwägung gezogen hatte – Karl I., König von Spanien, protegiert. Aber auch der französische König strebte nach der Kaiserkrone. Zweitens sahen sich die größeren Fürsten nach wie vor mit inneren Konflikten konfrontiert, die den verkündeten Ewigen Landfrieden gefährdeten. Neben etlichen kleineren Fehden stellte vor allem die aggressive Expansionspolitik Herzog Ulrichs von Württemberg eine Bedrohung der inneren Ordnung dar. Schließlich gefährdeten die Reformation und die sich daran anschließenden sozialen Unruhen – die Bauernaufstände – die gegebene Form der Herrschaft geistlicher und weltlicher Stände als Ganzes. Die beiden ersten Probleme konnten relativ schnell geklärt werden. Karl von Spanien setzte sich bei der Wahl durch, Herzog Ulrich wurde aus seinem Land vertrieben und viele Fehden zusammen mit den Bauernaufständen niedergeschlagen. Die konfessionelle Spaltung bedrohte das Reich jedoch stärker, als je zuvor.[1]

Dabei war Luther durchaus ein Befürworter der fürstlichen Herrschaft – die Aufstände der Bauern hatte er scharf verurteilt. Seiner Ansicht nach stand dem weltlichen Fürsten alle Macht zu und die Untertanen mussten sich dieser unterwerfen, solange sie ihren Glauben garantierte. Durch die wachsende Bedeutung des Buchdrucks fanden Luthers Schriften weite Verbreitung, sodass der Protestantismus bald auch außerhalb Kursachsens Fuß fassen konnte. 1523 erklärten die Städte Nürnberg, Straßburg und Augsburg, dass sie das Evangelium nicht länger unterdrücken könnten. Als sie sich deswegen die Kritik des Kaisers zuzogen, erwogen sie die Gründung eines neuen Städtebundes. Ein solches Bündnis stellte die Reichsverfassung auf eine ernsthafte Probe. Zwar hatte es auch zuvor schon Bündnisse einzelner Reichsstände untereinander gegeben, aber diese dienten meist dem gegenseitigen Schutz vor den Übergriffen anderer Reichsstände, beziehungsweise der Durchsetzung des Landfriedens. Ein gegen den Kaiser gerichtetes Bündnis schien dagegen etwas Neues zu sein. Das Bündnis kam allerdings nie zustande.[2]

Neuen Zündstoff erhielt der Konflikt nach dem Ende der Bauernunruhen, als Karl V. auf dem Reichstag in Speyer 1526 untersagte, die Glaubensfrage neu zu erörtern. Zur Stärkung des alten Glaubens hatten sich mehrere katholische Reichsstände nach der Schlacht von Frankenhausen im Juli 1525 zum Dessauer Bund zusammenschlossen. Ihm gehörten Kurfürst Joachim I. Nestor von Brandenburg, Erzbischof Albrecht von Mainz und Magdeburg, Erich I. von Calenberg-Göttingen, Herzog von Braunschweig-Lüneburg, Herzog Heinrich II. von Braunschweig-Wolfenbüttel sowie der albertinische Herzog Georg von Sachsen an. Dies wollten die einzelnen Reichsstände jedoch nicht auf sich beruhen lassen. In Kursachsen war 1525 Friedrich III., der Luther ebenso wie den alten Glauben geschützt hatte, gestorben. Sein Nachfolger, Kurfürst Johann der Beständig, führte nun rasch die neue Konfession als verbindliches Bekenntnis in seinem Land ein. Der Beschluss des Kaisers führte dazu, dass Johann mit Landgraf Philipp von Hessen, der sich inzwischen ebenfalls zum Luthertum bekannte, am 2. Mai 1526 in Torgau ein Bündnis einging. Bis Juni schlossen sich weitere Reichsstände, die Herzöge von Mecklenburg-Schwerin, Mecklenburg-Güstrow, Brandenburg-Ansbach, Braunschweig-Lüneburg, Braunschweig-Grubenhagen, die Grafen von Mansfeld, der Fürst von Anhalt-Köthen und die Metropole des Erzstifts Magdeburg diesem Bündnis an.[3]

Im Angesicht dieser Blockbildung versuchte Karl V. durch einen Reichstagsbeschluss das Wormser Edikt weiter zu entschärfen. Dies führte 1529 zur sogenannten Speyrer Protestation, in der sie den Reichstagsbeschluss kritisierten. Gleichzeitig suchten die protestantischen Stände einen engeren Schulterschluss und diskutierten die Frage, ob sie überhaupt ein Recht zur militärischen Gegenwehr gegen den Kaiser besäßen. Mehrere Juristen und Theologen der mitteldeutschen Universitäten, allen voran der in Wittenberg, stützten diesen Gedanken. Und auch Luther selbst forderte schließlich den Widerstand, wenn der Kaiser den neuen Glauben bedrohen sollte, forderte aber andernfalls bedingungslosen Gehorsam.[4]

Dass die protestantischen Fürsten überhaupt die Zeit hatten, diese Fragen so eingehend zu diskutieren, lag vor allem daran, dass Karl V. in den späteren 20er Jahren außerhalb des Reiches intensiv gebunden war. 1525 standen seine Armeen den Heeren Franz I. von Frankreich bei Pavia gegenüber, vier Jahre später bedrohten türkische Truppen erstmals Wien. Erst als sich die außenpolitische Lage beruhigte, versuchte Karl ab 1530 die Konfessionsfrage neu anzugehen. Jetzt begannen die Protestanten zu diskutieren, ob der römische Kaiser überhaupt ein Recht auf eine universelle monarchische Herrschaft habe. Seine militärischen Erfolge

1 Vgl.: Schmidt: Die Glaubensbündnisse der Protestanten, S. 297–298.

2 Vgl.: Ebd., S. 298–299.

3 Vgl.: Ebd., S. 299–300.

4 Vgl.: Schmidt: Die Glaubensbündnisse der Protestanten, S. 300.

gegen die Franzosen und Türken hatten Karl jedoch bestärkt, auch seine innenpolitischen Ansprüche energisch durchzusetzen.[5]

Im Dezember 1530 lud Kurfürst Johann von Sachsen daher Vertreter der übrigen protestantischen Stände zu einer Tagung ins thüringische Schmalkalden. Hier erklärten sächsische und hessische Juristen, dass kaiserliche Befehle, die sich gegen die göttliche Ordnung richteten, nichtig seien. Vor dieser Art unbilliger Eingriffe müsste die Obrigkeit ihre Untertanen schützen. Die wichtigste Erkenntnis bestand aber darin, dass ein gewählter Kaiser kein Monarch im traditionellen Sinne sei. Auch den Reichsfürsten sei von Gott das Schwert gegeben worden. Beide – Kaiser und Fürsten – hätten die Reichsverfassung gemeinsam ausgehandelt. Wenn der Kaiser gegen seine Wahlkapitulation verstieß, hatten die Fürsten das Recht zum Widerstand. Dies sei ein Krieg für und nicht gegen das Reich.[6]

Die geladenen Fürsten und Städtevertreter sorgten sich derweil über die ihnen angedrohten Kammergerichtsprozesse, in denen geistliche Fürsten und Orden gegen die Säkularisierung von Kirchengut klagen wollten. Am 31. Dezember sagten sich die Fürsten gegenseitigen Beistand in potenziellen juristischen Prozessen zu. Am 27. Februar 1531 folgte die Unterzeichnung der Schmalkaldischen Bundesakte. Die gewichtigsten Mitglieder waren das Kurfürstentum Sachsen, die Landgrafschaft Hessen und die Herzogtümer Braunschweig-Grubenhagen und Braunschweig-Lüneburg.[7]

Gründungsmitglieder des Schmalkaldischen Bundes[8]	
Reichsterritorien	Kurfürstentum Sachsen Landgrafschaft Hessen Herzogtum Braunschweig-Lüneburg Herzogtum Braunschweig-Grubenhagen Grafschaft Mansfeld Grafschaft Erbach Fürstentum Anhalt-Köthen
Freie/Reichsstädte	Straßburg Ulm Konstanz Reutlingen Memmingen Biberach Isny
Städte	Bremen Lübeck (1536 ausgetreten) Magdeburg

Das Bündnis war zunächst auf sechs Jahre beschränkt. Es richtete sich keinesfalls gegen das Reich. Im Gegenteil, die Bundesmitglieder betrachteten den Protestantismus als legitimen Bestandteil der Reichsverfassung, die sie zu schützen gedachten, notfalls auch mit militärischen Mitteln gegen den Kaiser.[9]

1535 wurde das Abkommen bereits um weitere zwölf Jahre verlängert. Inzwischen hatte der Bund sich über weite Teile des Reiches ausgebreitet. Neben etlichen süddeutschen Reichsstädten waren vor allem mittel- und norddeutsche Fürstentümer der Vereinigung beigetreten.[10]

Bereits 1532 konnten die Bundesfürsten einen ersten Achtungserfolg erzielen. Da Karl V. für den Krieg gegen die Türken den militärischen Beistand der Reichsfürsten benötigte, schloss er am 23. Juli den Nürnberger Religionsfrieden ab, auch Nürnberger Anstand genannt. Darin sagte der Kaiser zu, alle anstehenden Prozesse in Religionsfragen beim Reichskammergericht einzustellen. Die protestantischen Fürsten konnten nun weiterhin ungehindert Kirchengut einziehen und so ihre wirtschaftlich-finanzielle Machtbasis erheblich vergrößern.[11]

Nach der Gründung beigetretene Bundesmitglieder[12]	
Reichsterritorien	Fürstentum Anhalt Dessau (1536) Fürstentum Anhalt-Zerbst (1536) Herzogtum Pommern-Stettin (1536) Herzogtum Pommern-Wolgast (1536) Herzogtum Württemberg (1537) Herzogtum Sachsen (1537–1542) Grafschaft Nassau-Weilburg (1537) Markgrafschaft Brandenburg-Küstrin (1538) Herzogtum Rochlitz (1538) Grafschaft Schwarzburg (1538) Grafschaft Tecklenburg (1538) Herzogtum Braunschweig-Wolfenbüttel (1542)
Reichsstädte	Esslingen (1531/32) Nördlingen (1532) Frankfurt (1536) Augsburg (1536) Kempten (1536) Heilbronn (1538) Schwäbisch Hall (1538) Dinkelsbühl (1546) Bopfingen (1546) Ravensburg (1546)
Städte	Göttingen (1531) Einbeck (1531/32) Goslar (1531/32) Braunschweig (1531/32) Hannover (1536) Hamburg (1536) Minden (1536) Hildesheim (1543) Osnabrück (1544)

5 Vgl.: Kohler: Karl V., S. 153–179.

6 Vgl.: Schmidt: Die Glaubensbündnisse der Protestanten, S. 300–301.

7 Dazu allgemein: Haug-Moritz: Der Schmalkaldische Bund, S. 43–53; Haug-Moritz: Johann Friedrich I. und der Schmalkaldische Bund; Schmidt: Die Glaubensbündnisse der Protestanten, S. 302; Lehmann: Der Schmalkaldische Bund, S. 26–27.

8 Vgl.: Lehmann: Der Schmalkaldische Bund, S. 26–27.

9 Vgl.: Haug-Moritz: Der Schmalkaldische Bund, S. 112–120.

10 Vgl.: Ebd., S. 54–55.

11 Vgl.: Ebd., S. 32–33.

12 Vgl,: Lehmann: Der Schmalkaldische Bund, S. 39.

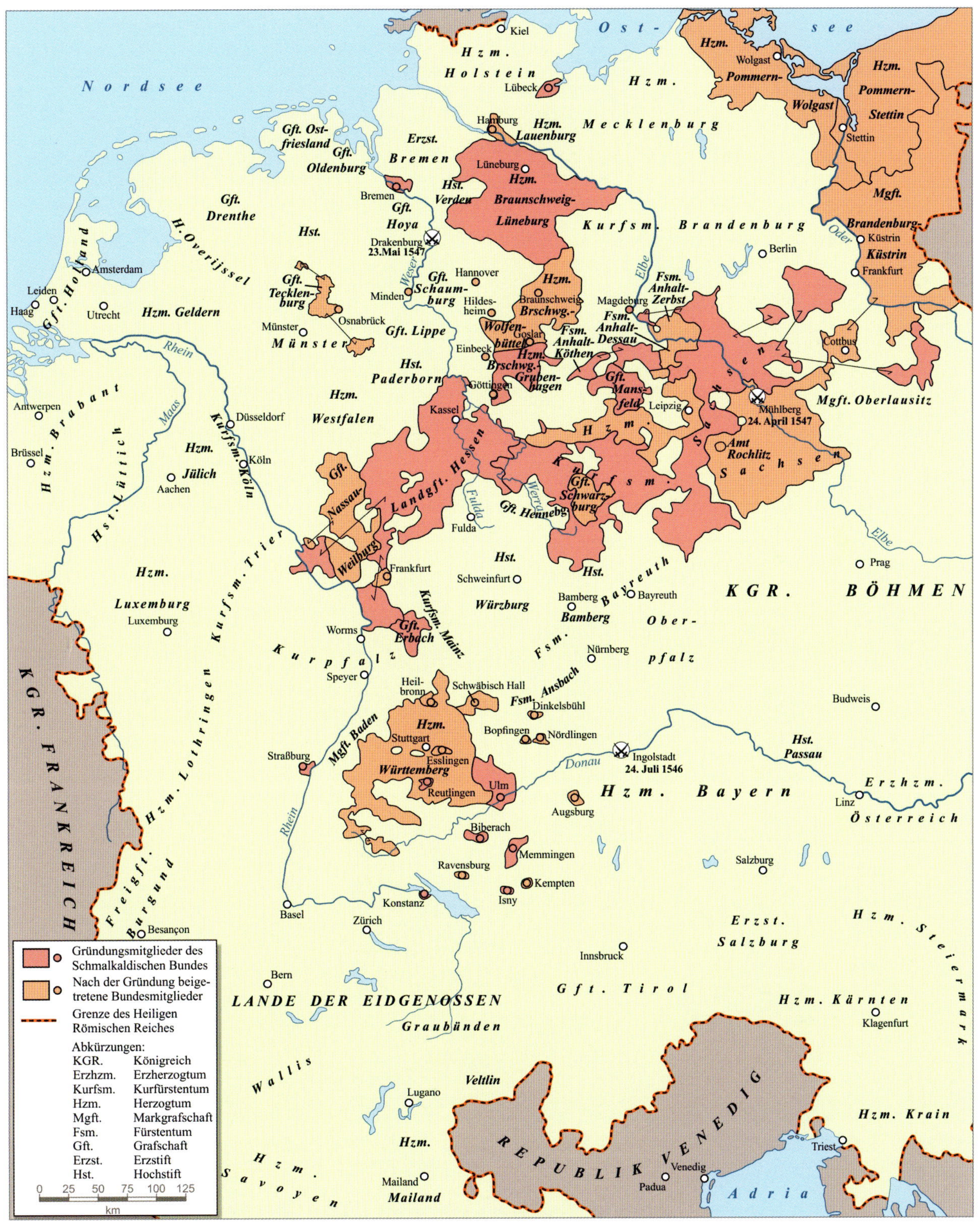

Das Heilige Römische Reich deutscher Nation und der Schmalkaldische Bund am Vorabend des Krieges 1547 (das Herzogtum Sachsen war zu diesem Zeitpunkt bereits nicht mehr Bundesmitglied).

Luther und die theologische Fraktion sah diese Argumentation eher kritisch. Die protestantischen Fürsten – die im Kurkolleg immer noch in der Minderheit waren – suchten jedoch nach Argumenten, um ihre Kritik am Kaiser zu untermauern. Diese lieferte ihnen Karl bereitwillig, als er parallel zur Tagung in Schmalkalden die Wahl seines Bruders Ferdinand zum römischen König durchsetzen wollte. Darin sahen die Protestanten den Versuch, eine habsburgische Erbmonarchie im Reich zu etablieren. In seiner Wahlkapitulation 1519 hatte Karl allerdings versprochen, genau dies nicht zu tun. Sogar katholische Reichsstände, wie der Herzog von Bayern, zeigten sich von diesem Vorgehen empört. Die Fürsten sahen darin einen Verstoß gegen die „Deutsche Freiheit", also eine Unterdrückung des Reiches durch eine „ausländische" Macht. Immerhin galt Karl als Spanier.[13]

Auch in den habsburgischen Erblanden breitete sich das Luthertum schnell aus, insbesondere in den österreichischen und Tiroler Bergbaugebieten und in der Steiermark. König Ferdinand ließ 1522 den Druck und die Verbreitung lutherischer Flugblätter in diesen Territorien verbieten. Neben der einfachen Bevölkerung sympathisierten auch verschiedene Adelsfamilien mit der neuen Konfession. In Böhmen waren es Teile der noch vorhandenen Hussitenbewegung – deren Sonderstellung Ferdinand bei seiner Königswahl 1526 legitimiert hatte – die sich dem Luthertum gegenüber aufgeschlossen zeigten. Besonders verhasst war dem König die Täuferbewegung, gegen die er rücksichtslos vorging. 1527 erließ er vom ungarischen Ofen (später Buda, heute Budapest) ein Ketzermandat gegen die Täufer. Ein Jahr später ordnete er an, dass jeder Gerichtsbezirk einen Inquisitor bestellen sollte. Zwischen 1527 und 1529 wurden allein in Oberösterreich etwa 150 Männer und Frauen als Anhänger der Bewegung verbrannt.[14]

Trotz dieser repressiven Maßnahmen konnte Ferdinand nicht verhindern, dass sich ein Großteil seiner Untertanen bis 1550 dem Luthertum zuwandte und auch den Kontakt zu den mittlerweile etablierten lutherischen Reichsständen – insbesondere den Kurfürsten von Sachsen – suchte.[15]

Inzwischen hatte der Bund seine Verfassung 1533 erstmals erweitert. Der militärische Aspekt gewann mehr und mehr an Gewicht. Der Kurfürst von Sachsen und der Landgraf von Hessen wurden zu Bundeshauptleuten gewählt. 1535 erfolgte die „Verfassung zur Gegenwehr", die nach Ansicht Kurfürst Johann Friedrichs aus dem Bündnis der Worte ein Bündnis der Taten machen sollte. In diesen Jahren befand sich der Schmalkaldische Bund auf dem Höhepunkt seiner Macht und wurde von den europäischen Mächten als geschlossener Block wahrgenommen. Der Papst wandte sich in dem Versuch, einen Ausgleich mit den Protestanten zu schaffen, an den Bund, während der französische König Franz I. ihn als Bündnispartner für einen neuen Krieg gegen Karl V. zu gewinnen versuchte. Die Bundesmitglieder nutzten das Gewicht, welches ihre Vereinigung erlangt hatte und formulierten neue politische Forderungen gegenüber dem Kaiser, die die freie Konfessionswahl für die Reichsfürsten und den Aufbau eigener Landeskirchen umfassten.[16]

Eine erste größere militärische Bewährungsprobe musste der Bund 1542 bestehen, als es zum Konflikt mit dem katholisch gebliebenen Herzog Heinrich dem Älteren von Braunschweig-Wolfenbüttel kam. Dieser lag im Streit mit den Städten Braunschweig und Goslar, beides Bundesmitglieder. Als Goslarer Aufgebote drei in der näheren Umgebung der Stadt gelegene Klöster zerstörten, verklagte der Herzog die Stadt wegen Landfriedensbruch vor dem Reichskammergericht, welches im Oktober 1540 die Reichsacht über Goslar verhing und Heinrich mit der Vollstreckung beauftragte. Es kam zu einer Reihe von Streifzügen des Herzogs auf Goslarer Territorium, die schließlich vom Schmalkaldischen Bund als Religionssache eingestuft wurden, womit der Bündnisfall eintrat. Im Frühjahr 1542 rüstete der Bund ein Heer und übersandte Heinrich schließlich am 13. Juli den Fehdebrief. Neun Tage später setzte sich das von Kurfürst Johann Friedrich und Landgraf Philipp geführte Heer in Marsch. Wolfenbüttel musste sich nach kurzer Belagerung den Bundestruppen ergeben, Heinrich floh nach Bayern. Nach der vollständigen Eroberung seines Herzogtums durch den Schmalkaldischen Bund wurde auch hier die Reformation eingeführt.[17]

In dieser Phase des größten Triumphs setzte jedoch Unsicherheit unter den Bundesmitgliedern ein. Man fürchtete den militärischen Gegenschlag durch den Kaiser oder den Papst, dem insbesondere die Städte im Süden des Reiches nicht gewachsen waren. Außerdem hatte der doch eher begrenzte Feldzug den Bundesmitgliedern die enormen Kosten eines möglichen Krieges vor Augen geführt, weswegen die „Große Anlage" (hierzu das Kapitel zur Kriegsfinanzierung) verdreifacht werden soll. Diese Erhöhung wird zwar in Schmalkalden beschlossen, aber nur wenige Mitglieder zahlen tatsächlich ihre Beiträge.[18]

Die Bruchlinie im Reich schien streng entlang der konfessionellen Grenzen zu verlaufen, jedoch konnte vermeintliche konfessionelle Einigkeit bestehende machtpolitische Differenzen nicht überlagern. Solche existierten vor allem zwischen den beiden Linien der mächtigen Wettiner. 1485 war das Kurfürstentum, der vielleicht mächtigste Territorialstaat im Reich, in eine albertinische und eine ernestinische Linie geteilt worden. Die Kurwürde verblieb bei der ernestinischen als der älteren Linie. Konflikte entstanden bald über die gemeinschaftliche Nutzung der erzgebirgischen Silbervorkommen und den Einfluss auf die benachbarten geistlichen Fürstentümer Naumburg-Zeitz, Merseburg und Meißen, die bereits vor der Reformation in die Abhängigkeit der Wettiner getrieben worden waren, nun aber zunehmend in ihrer Existenz bedroht wurden.

Erstmals liefen die ernestinisch-albertinischen Differenzen in der Wurzener Fehde Gefahr, zu eskalieren. Das Amt Wurzen war eine Enklave des Hochstifts Meißen inmitten der albertinischen Territorien. 1542 versuchte Kurfürst Johann Friedrich, die vom

13 Vgl.: Schmidt: Die Glaubensbündnisse der Protestanten, S. 301–302.

14 Vgl.: Pfaffenbichler: Die österreichischen Habsburger und der Protestantismus, S. 281–283.

15 Vgl.: Ebd., S. 284–286.

16 Vgl.: Haug-Moritz: Der Schmalkaldische Bund, S. 54–60.

17 Vgl.: Lehmann: Der Schmalkaldische Bund, S. 114.

18 Vgl.: Haug-Moritz: Der Schmalkaldische Bund, S. 82–92, 478–484; Lehmann: Der Schmalkaldische Bund, S. 114–115.

Pikenier um 1550

Zur Mitte des 16. Jahrhunderts lösten zylinderähnliche Filzhüte das Barett als Kopfbedeckung der Landsknechte ab.

Statt enganliegender, körperbetonter Hosen, kamen weite Pumphosen auf. Neben seiner Pike trägt dieser Landsknecht einen Katzbalger als Nahkampfwaffe.

Kaiser ausgeschriebene Türkensteuer in diesem Gebiet mit Gewalt einzutreiben, indem er 128 Mann der Torgauer Bürgerwehr ausschickte. Diesem Übergriff konnte sein albertinischer Vetter Herzog Moritz nicht tatenlos zusehen, denn das Hochstift unterstand seiner Schutzherrschaft. Moritz zog seinem Vetter mit eigenen Truppen entgegen. Niemand Geringerer als Martin Luther selbst schaltete sich in den Konflikt ein und versuchte, einen Ausgleich zu vermitteln. Auch Landgraf Philipp von Hessen bemühte sich, den drohenden Krieg abzuwenden. Am Mittwoch nach Ostermontag, dem 12. April 1542, konnte der Konflikt unblutig in Oschatz beigelegt werden. Da die in Marsch gesetzten Truppen unterwegs von der Bevölkerung mit Osterfladen versorgt wurden, ist diese Episode auch als „Wurzener Fladenkrieg" in die Geschichte eingegangen.[19]

Landgraf Philipp „der Großmütige" von Hessen
Hans Krell 1534

SÖLDNERHEERE IN DER MITTE DES 16. JAHRHUNDERTS

Seit dem ausgehenden 15. Jahrhundert dominierten Söldnerheere die Schlachtfelder Europas und innerhalb dieser entwickelte sich die Infanterie zur Königin der Waffen. Die mit Langspießen bewaffneten Schweizer Reisläufer in ihren dichten Gewalthaufen demonstrierten ihre Leistungsfähigkeit während der Burgunderkriege eindeutig. Ihre Kampfweise wurde später von deutschen Söldnern kopiert, die im frühen 16. Jahrhundert als die beste Infanterie Europas galten.

Die Kampfweise der Reisläufer und Landsknechte erinnerte die Humanisten der Renaissance an die Beschreibungen antiker Quellen. Die Abhandlungen antiker Autoren über die Kampfweise der griechischen Phalanxen und römischen Legionen waren auch im Mittelalter nicht verloren gegangen. In den spätmittelalterlichen Fürstenspiegeln, die auch Kapitel über die Kriegführung enthalten, wird immer wieder auf griechische und römische Autoren verwiesen. Allerdings war das spätmittelalterliche Kriegswesen noch vom berittenen Ritter geprägt, während die antiken Heere vom Fußvolk dominiert wurden. Daher schienen die Traktate eines Polybius oder Aelian schlicht und ergreifend nicht anwendbar.[20] Die „Infanterierevolution" des späten Mittelalters änderte dieses Bild. Die Gewalthaufen schienen den Humanisten als Reinkarnation der griechischen Phalanx, weswegen die antiken Texte intensiv studiert und ihre Anwendbarkeit für das moderne Kriegswesen überprüft wurden. Es war also keineswegs der Fall, dass in der Renaissance die Antike vollkommen neu entdeckt wurde. Zumindest in Bezug auf das Militärwesen waren es erst die natürlichen Entwicklungen, die dazu führten, bekanntes, aber ungenutztes Wissen wieder anzuwenden.

Damit setzte ein neuer Entwicklungsschub innerhalb des Militärwesens der Renaissance ein. Der Krieg wurde zunehmend verwissenschaftlicht und das Söldnerwesen besser strukturiert. Entscheidend wirkte sich hierbei die Schaffung einer neuen Zwischenebene in der Führung militärischer Formationen aus. Feldwebel waren nun für die reguläre Ausbildung der Knechte zuständig und sollten auf dem Schlachtfeld die Formationen ordnen.[21]

Um 1550 begann sich der Begriff des Regiments zu verfestigen. Bezeichnete er bis dahin alle unter einem Oberst dienenden Truppen, so verstand man nun darunter vermehrt eine klar strukturierte Formation von bis zu zehn Fähnlein (später Kompanien) und einer Stärke zwischen 3.000 und 5.000 Mann.[22]

19 Vgl.: Burkhardt: Die Wurzener Fehde, S. 60–81; Stievermann: Kurfürst Johann Friedrich von Sachsen, S. 117.

20 Vgl.: Arnold: Renaissance at War, S. 70–80.

21 Vgl.: Ebd., S. 85–89.

22 Vgl.: Miller/Richards: Landsknechte, S. 13.

Beiträge der Bundesmitglieder zur „Großen Anlage“, Stand 1539.[23]			
Mitglied	**Beitrag (in Gulden)**	**Einlagerungsort**	**Zeitpunkt der Einlagerung**
Sächsischer Bundeskreis			
Kursachsen	28.000	Torgau	1531
Herzogtum Pommern	18.180	Torgau	1537
Markgrafschaft Brandenburg-Küstrin	4.000	Torgau	1538
Herzogtum Braunschweig-Lüneburg	6.000	Torgau	1532
Grafschaft Mansfeld	4.000	Torgau	1536
Herzogtum Braunschweig-Grubenhagen	2.000	Torgau	1532
Fürstentum Anhalt-Bernburg-Köthen	2.000	Torgau	1536
Fürstentum Anhalt-Dessau	2.000	Torgau	1537
Grafschaft Nassau-Weilburg	1.000	Nicht hinterlegt	
Grafschaft Schwarzburg	1.000	Torgau	1537
Lübeck	7.260	Ausgetreten 1536	
Magdeburg	7.120	Braunschweig	1537
Braunschweig	7.120	Braunschweig	1537
Bremen	6.400	Braunschweig	1532
Goslar	3.760	Braunschweig	Vor Februar 1537
Göttingen	1.940	Braunschweig	1532
Einbeck	1.400	Braunschweig	1532
Hannover	1.280	Braunschweig	Vor Februar 1537
Hamburg	7.260	Braunschweig	1537
Minden	800	Braunschweig	-
Oberdeutscher Bundeskreis			
Landgrafschaft Hessen	28.000	Kassel	-
Straßburg	10.000	Ulm	-
Ulm	10.000	Ulm	-
Memmingen	2.900	Ulm	1532
Konstanz	2.600	Ulm	1532
Esslingen	2.500	Ulm	1532
Biberach	2.200	Ulm	1532
Lindau	1.800	Ulm	1532
Reutlingen	1.800	Ulm	1532
Isny	1.200	Ulm	1532
Herzogtum Württemberg	18.180	Kassel	1537
Grafschaft Tecklenburg	800	Kassel	-
Augsburg	10.000	Ulm	1537
Frankfurt am Main	6.000	Ulm	1536/37
Schwäbisch Hall	2.400	Ulm	1539
Heilbronn	2.000	Ulm	1538
Kempten	1.800	Ulm	1537

23 Vgl.: Haug-Moritz: Der Schmalkaldische Bund, S. 443–445.

Kriegsfinanzierung

Allein die Anwerbung von Söldnertruppen verschlang enorme Summen. Die Fürsten übertrugen entsprechende Rechte an private „Kriegsunternehmer“, die Söldner zu Ross oder zu Fuß anwarben und in Form eines Antritts- oder Laufgeldes die Reisekosten zum Musterplatz bezahlten, denn oftmals befand sich dieser nicht in der nächsten Stadt, sondern mehrere Hundert Kilometer entfernt. Die Söldner mussten ihre Ausrüstung, insbesondere die Waffen, selbst mitbringen. Wurden bei der Musterung Mängel festgestellt, erhielten sie die fehlenden Ausrüstungsstücke gegen Abzüge ihres Soldes. Innerhalb der Dienstzeit bekamen sie einen fest vereinbarten Sold (im Schnitt vier Gulden für einen einfachen Fußknecht) sowie Verpflegung, entweder in Form einer zusätzlichen Löhnung oder als Naturallieferung.[24]

Die Kosten für den Unterhalt des Militärs waren enorm. Im Rechnungsjahr 1449/50 verschlangen die Ausgaben für Zeughäuser, militärische Gebäude und Truppen im albertinischen Sachsen 111.926 Florin. Sie bildeten damit 32,3 Prozent der Gesamtausgaben![25] Im selben Jahr forderte Kurfürst Moritz von seinen Ständen die Bereitstellung von 200.000 Talern und die Verlängerung der Tranksteuer – einer der wichtigsten landesherrlichen Einnahmequellen – um vier Jahre. Zu diesem Zeitpunkt betrugen die kurfürstlichen Schulden bereits 800.000 Gulden und sie sollten sich in den nächsten drei Jahren trotz der von den Ständen bewilligten Gelder und Steuern verdoppeln.[26]

Der Schmalkaldische Bundesvertrag beinhaltete Artikel, die eine klare Aufteilung der Kosten für 10.000 Mann Fußtruppen und 2.000 Reiter vorsah. Deren Unterhalt war auf monatlich 70.000 Gulden veranschlagt, die zur Hälfte von den Städten, zur Hälfte von den Fürsten aufgebracht werden sollten. Als „eilende Hilfe“ für die Aufstellung und den Unterhalt in den ersten zwei Monaten sollten 140.000 Gulden – die sogenannte „Große Anlage“ bereitgestellt werden.[27]

Durch das Anwachsen der Mitgliederzahl in den 1530er Jahren wurde das System umgestaltet und der Bund in zwei Kreise gegliedert, von denen der sächsische 50.925 Gulden und der oberländische 53.655 Gulden pro Monat zur Verfügung stellen sollten. Der berechnete Kriegsschatz stieg von ursprünglich 140.000 auf 430.000 Gulden.[28]

Dieser Kriegsschatz wurde in vier zentralen Städten eingelagert. Die oberdeutschen Städte transferierten ihre Gelder nach Ulm, die sächsischen nach Braunschweig. Die Fürsten ließen ihre Beiträge nach Kassel beziehungsweise Torgau schicken.[29]

Tatsächlich erwies es sich bereits während des Donaufeldzuges 1546, dass die festgesetzten Gelder nicht ausreichten, vor allem, weil das vom Bund geworbene Heer zahlenmäßig viel stärker war, als ursprünglich gedacht und weil nicht alle Bundesmitglieder ihre Beiträge entrichteten. Die von Kurfürst Johann von Sachsen unterhaltenen 3.600 Reiter und 13.000 Fußknechte verschlangen monatlich 95.200 Taler. Seine jährlichen Einnahmen betrugen dagegen gerade einmal 180.000 Gulden.[30]

Dies führte dazu, dass die für ein Jahr bereitgestellten Gelder bereits nach vier Monaten verbraucht waren. Der Bund sah sich nach Kreditgebern um. Franz I. von Frankreich versicherte Kurfürst Johann Friedrich und Landgraf Philipp im März 1547, ihnen 200.000 Ecus zur Verfügung stellen zu wollen. Allerdings bescheinigte der Landgraf Ende des Monats, nur die Hälfte der Summe von Baseler Kaufleuten erhalten zu haben. Dabei handelte es sich nicht um Subsidien, sondern lediglich um einen Kredit, den der Landgraf und der Kurfürst binnen sechs Monaten zurückzahlen wollten. Nach der Schlacht bei Mühlberg baten die Söhne Johann Friedrichs König Heinrich II. (Franz I. war zwischenzeitlich verstorben) um einen Zahlungsaufschub.[31]

Heinrich II. (1519-1559) König von Frankreich.
François Clouet (1510–1572)
Der Sohn Franz I. führte dessen Kampf gegen Karl V. fort und unterstützte daher auch den protestantischen Fürstenbund. 1559 unterzeichnete er den Frieden von Cateau Cambrésis, der den Krieg beendete. Der Vertrag wurde durch ein Turnier gefeiert, bei welchem Heinrich durch eine zersplitterte Lanze tödlich verletzt wurde.

24 Vgl.: Krüger: Kriegsfinanzen, S. 48; Rogg: Landsknechte und Reisläufer, S. 23.
25 Vgl.: Schirmer: Staatsfinanzen, S. 140.
26 Vgl.: Schirmer: Die Finanzierung der Fürstenrebellion, S. 72–73.
27 Vgl.: Lehmann: Der Schmalkaldische Bund, S. 34.
28 Vgl.: Kellenbenz: Geldbeschaffung, S. 16–17.
29 Vgl.: Lehmann: Der Schmalkaldische Bund, S. 34.
30 Vgl.: Schirmer: Die Finanzierung der Fürstenrebellion, S. 74.
31 Vgl.: Kellenbenz: Geldbeschaffung, S. 19–21.

Ein Arkebusier um 1550
Im Laufe des 16. Jahrhunderts wurden Handfeuerwaffen in der Handhabung immer effektiver, sodass sie die Armbrust als Distanzwaffe der Infanterie endgültig verdrängten. Die Arkebuse mit kurzem Rohr bekam zu dieser Zeit Konkurrenz durch die langläufige und damit schwerere Muskete, die auf einer Gabel abgestützt werden musste.

Während des Fürstenaufstandes 1552 sagte Heinrich II. den Protestanten im Vertrag von Chambord erneut seine finanzielle Unterstützung zu. 240.000 Goldkronen sollten zunächst zur dreimonatigen Finanzierung eines Heeres dienen, danach wollte der König monatlich 75.000 Gulden zur Verfügung stellen.[32]

Obwohl sich die Ausgaben für ein Söldnerheer relativ gut vorausberechnen ließen, hatten die frühneuzeitlichen Territorien große Probleme, die Gelder zu deren Unterhalt rechtzeitig zur Verfügung zu stellen, weswegen die Kosten oftmals auf die Zivilbevölkerung abgewälzt wurden. Schon auf dem Weg zum Musterungsplatz bettelten die Landknechte um Brot und Obdach – mitunter auch unter Anwendung von Gewalt – einfach, weil das Antrittsgeld nicht ausreichte oder dieses zu schnell aufgebraucht worden war.[33]

Auf ihrem Zug nach Norddeutschland im Januar 1547 kamen die kaiserlichen Truppen des Obersten von Wrisberg zunächst durch die Grafschaft Tecklenburg und zwangen Graf Konrad – einen Schwager des hessischen Landgrafen Philipp – zur Zahlung von 15.000 Talern. Anschließend rückte das Heer im protestantischen Bistum Osnabrück ein, wo Bischof Franz II. von Waldeck sofort einen Vergleich mit den Söldnerführern schloss, der die Stiftsstädte zur Zahlung von Kontributionen zwang. Osnabrück wurde mit einer Brandschatzung von 2.000 Talern belegt. Nachdem Wrisbergs Heer die Grafschaft Rietberg durchquert hatte, zog es in die Herrschaft Lippe und erzwang die Zahlung von 12.000 Talern. Minden erklärte sich beim Anmarsch der kaiserlichen Armee ebenfalls rasch zur Zahlung von Geldern bereit.[34] Dennoch musste Wrisberg dem Kaiser bereits Mitte März mitteilen, *„daß wir in großem Geldmangel sind, denn wir haben unter das Kriegsvoll, ausser den 16000 Thalern, welche wir von Ew. Maj. empfangen haben, alles vertheilt, was wir haben brandschatzen können, was vielleicht in Summa 38.000 Thaler sein kann; und wir sind besagtem Kriegsvolk einen ganzen Monat schuldig.“*[35]

Auch Moritz von Sachsen brachte einen nicht unerheblichen Teil der 639.189 Rheinischen Gulden, die der Feldzug von 1552 ihn kostete, durch Kontributionen auf. Der Bischof von Bamberg musste 12.000 Gulden entrichten, der von Würzburg gar 60.000, die Stadt Ulm 40.000. Insgesamt wurden knapp 18 Prozent der Gelder aus feindlichen Gebieten aufgebracht.[36] Bereits 1550 hatte Moritz seiner Frau geschrieben, dass die in Magdeburg vom Mecklenburger Herzog übernommenen Truppen ihn vorerst nichts kosteten, *„da er etliche Paffengulden vorgefunden habe.“*[37]

Mitunter wurde der Geldbedarf der Söldner einfach kurzfristig durch die Neuprägung von Münzen befriedigt. Während der Belagerung von Leipzig 1547 ließ der Stadtkommandant Bastian von Wallwitz sogenannte Notklippen aus eingeschmolzenem Kirchengerät schlagen. Dieses wurde von den städtischen Goldschmieden eingeschmolzen, zu „klippen-“ (rombenförmigen) Schröttlingen verarbeitet und anschließend geprägt. Die Vorderseite dieser Münzen zeigte das herzoglich-sächsische Wappen, die Rückseite den Schriftzug „H[erzog] H[ans]FRI[edrich] BELEGERT LEIPZIG MENS [Monat] IAN[uar] AN[no] MDXLVII.“ Leipzig eignete sich dabei das herzogliche Münzrecht an. Zu ähnlichen Maßnahmen griff Magdeburg während der Belagerung durch Kurfürst Moritz 1550/51. Die Elbmetropole besaß allerdings kein eigenes Münzrecht. Daher hatten die Münzen auch keine Wertbezeichnung. Ihr Wert bestimmte sich nach ihrem hohen Silbergehalt, das im Laufe der Belagerung immer weiter abnahm. Der Chronist Sebastian Besselmeyer schilderte die Vorfälle, die zur Prägung der Klippen führten: *„... Den 19. Martii ward eine Meuterey und Aufruhr unter den Knechten in der Stadt, welche der Bezahlung halber herkam..., damit aber solche Meuterey abgeschafft und zufrieden gestellt würde, kam Graff Albrecht von Mansfeld zu den Knechten in den Ring, welcher ihnen von der Stadt wegen zusagt, dass auff diesen Tag ihr Monat nach ihrem Begehren solt aus und angehen, und alles was man ihnen schuldig were, sollte von Stund an bezahlt werden, welches auch geschah und alles zufrieden gestellt ward... Darzu haben die Bürger all ihr Silber auf das Rathaus getragen, und dem Rath fürstrecken müssen: dann man in der Belagerung gemünzt, und vierecket auch runde Gulden, desgleichen halbe Gulden, Oerter, Groschen für 12 und 14 Pfennig, auch kupferne Pfennig geschlagen hat, mit der Stadt Wappen auf einer Seite, die Jungfrauw auf der andern Seite ein Rosen. Aber nach der Belagerung nicht mehr gegolten, sondern wiederumb gemünzt worden.“*[38] Die Söldner konnten diesen Sold somit nur innerhalb der belagerten Städte ausgeben. Da die Klippen aus Edelmetall bestanden, ist dennoch denkbar, dass einige davon nach der Belagerung weitere Verbreitung fanden.

32 Vgl.: Schirmer: Die Finanzierung der Fürstenrebellion, S. 76–77.

33 Vgl.: Krüger: Kriegsfinanzen, S. 48.

34 Vgl.: Kohlmann: Kriegesmuth und Siegesfreude, S. 17–18.

35 Zit.: Ebd., S. 46.

36 Vgl.: Schirmer: Die Finanzierung der Fürstenrebellion, S. 78.

37 Zit. nach: Issleib: Magdeburgs Belagerung, S. 184.

38 Zit. nach: Alexi: Die Münzprägung, S. 55–66.

Rekrutierung

Die großen Söldnerheere des 16. Jahrhunderts wurden fast ausschließlich von privat agierenden Söldnerführern angeworben. Bekannte Kriegsunternehmer erhielten von Fürsten Bestallungsbriefe, die ihnen feste Rekrutierungsgebiete zuwiesen. Dabei spielten jedoch nicht nur militärische Kompetenzen eine Rolle. Die künftigen Obersten mussten geschickte Organisatoren sein und über ausgedehnte Netzwerke verfügen, aus denen sie schließlich den Stab ihres Regiments rekrutierten. Wichtig waren auch Verbindungen zu Bankiers, denn das für die Werbung vorgestreckte Geld und die privaten Mittel der Unternehmer genügten in den meisten Fällen nicht, um die Werbe- und eventuell auch Ausrüstungskosten zu decken.[39]

Die Obristen begannen anschließend mit dem Aufbau einer Regimentsstruktur, indem sie weitere bewährte oder ihnen bekannte Offiziere anheuerten und auf Werbung schickten.[40] Das Reich, insbesondere der süddeutsche Raum, bot während des gesamten 16. Jahrhunderts ausreichend Rekruten für die Kriegsunternehmer. Nur im Frühjahr 1525, zu Beginn des Bauernkrieges, war es zu Engpässen gekommen, weil potenzielle Rekruten sich den Aufständischen anschlossen und bereits 20.000 Landsknechte im Heer des Kaisers in Italien kämpften.[41] Besonders begehrt bei den Werbern waren erfahrene Kriegsknechte, die auch bereits ihre Ausrüstung mit zum Regiment brachten. Doch da es, abgesehen von der körperlichen Unversehrtheit, keine Aufnahmebeschränkungen gab, zogen Handgelder und das Versprechen von regelmäßigem Sold auch kriegsunerfahrene niedere soziale Schichten an: Handwerker, Bauernsöhne und Tagelöhner. Auch Gesellen aus krisengeschüttelten Zünften zog es bei solchen Gelegenheiten zum Militär, beispielsweise ließen sich 1530 in Augsburg verstärkt Weber anwerben.[42] Ab der Jahrhundertmitte wurden immer mehr solcher Rekruten angeheuert, weswegen Kriegsunternehmer zunehmend dafür sorgen mussten, Waffen und mitunter auch Kleidung zu beschaffen, um ihre Knechte auszustatten. Die Kosten hierfür wurden auf die Geworbenen umgelegt und ihnen in Raten vom Sold abgezogen. Die zentrale Beschaffung von Waffen erlaubten zudem Standardisierungen, etwa im Kaliber von Arkebusen oder der Länge von Piken.[43]

39 Vgl.: Redlich: The German Military Enterpriser I, S. 41; Möller: Das Regiment der Landsknechte, S. 14–16; Baumann: Die deutschen Condottieri, S. 113–117.

40 Redlich: The German Military Enterpriser, S. 41.

41 Vgl.: Baumann: Süddeutschland als Söldnermarkt, S. 71.

42 Vgl.: Ebd., S. 72–73.

43 Vgl.: Baumann: Die deutschen Condottieri, S. 122–123; Hale: War and Society, S. 111–112.

Durchschnittliche Besoldungsstufen eines Landsknechtregiments im 16. Jahrhundert

Rang/Amt	Sold
Obrist	400 Gulden
Oberstleutnant	200 Gulden
Hauptmann Schultheiß, Profoß Feldarzt/Feldscher Schanz-, Wacht-, Quartier-, Proviant-, Pfennig-, Zeugmeister	40 Gulden
Schreiber	24 Gulden
Leutnant, Fähnrich	20 Gulden
Hurenwebel, Feldwebel Kaplan	12 Gulden
Büchsenmeister	8-16 Gulden
Doppelsöldner Gemeinwebel Trommler, Pfeifer Fourier Dolmetscher Koch	8 Gulden
Schneller	6 Gulden
Arkebusier, Hakenbüchsenschütze	5 Gulden
Einfacher Knecht	4 Gulden

Den zu werbenden Rekruten wurde meist ein Handgeld bezahlt, dessen Höhe sich nach Erfahrung, körperlicher Verfassung und Ausrüstungsstand richten konnte. Wenn Rekruten von außerhalb des vereinbarten Sammelplatzes anreisen mussten, war es üblich, ihnen zusätzlich ein „Laufgeld“ zu zahlen. Am Sammelplatz erfolgte zunächst die Musterung und schließlich die zeremonielle Aufnahme in das Regiment. Der Rekrut durchschritt eine von seinen zukünftigen Kameraden gebildete Gasse und passierte anschließend ein symbolisches Tor in eine neue Welt, welches durch zwei in den Boden gerammte Hellebarden und eine darüber gelegte Pike gebildet wurde. Direkt im Anschluss an dieses Ritual erfolgte die Auszahlung des ersten Soldes. Im Durchschnitt betrug dieser für einen einfachen Landsknecht im gesamten 16. Jahrhundert vier Gulden. Allerdings erhielten kriegserfahrene „beschossene“ Knechte zumeist mehr Sold und Pikeniere, die in vorderster Reihe kämpften und somit zum einen höheren Gefahren ausgesetzt waren und zum anderen einer schwereren, weil meist umfangreicheren Rüstung bedurften, als „Doppelsöldner“ das zweifache Gehalt. Die große Nachfrage, die kurz vor Beginn eines Feldzuges auf dem Söldnermarkt entstand, führte allerdings dazu, dass die Werber mit höheren Handgeldern oder Sold locken mussten, wie Schertlin von Burtenbach im Juni 1546 in der Augsburger Region feststellte.[44] In Frankfurt führte Geldknappheit 1546 auch dazu, dass die geworbenen Knechte zum Teil mit Tuch bezahlt werden mussten.[45]

Frische Rekruten, deren Waffen und womöglich Kleidung durch den Kompanie- oder Regimentsinhaber

44 Vgl.: Paulus: Sebastian Schertlin von Burtenbach im Schmalkaldischen Krieg, S. 52.

45 Vgl.: Möller: Das Regiment der Landsknechte, S. 78.

vorgeschossen werden mussten, hatten Abzüge in Kauf zu nehmen, in der Regel zehn Prozent. Dieses System bot natürlich verschiedene Möglichkeiten des Missbrauchs seitens der verantwortlichen Offiziere. So konnten sie mehr Männer in der Musterliste eintragen lassen, als tatsächlich angeworben wurden oder Männer als Doppelsöldner führen, die nur den einfachen Sold erhielten. Lange Zeit wurden solche Korruptionen damit zu erklären versucht, dass Offiziere sich auf Kosten ihrer Dienstherren persönlich bereichern wollten. Allerdings nahmen die Militärunternehmer dieser Zeit ein enormes finanzielles Risiko auf sich, indem sie die Aufstellung eines Regiments durch persönliche Mittel und Kredit vorfinanzierten. Beispielsweise musste Kurfürst Moritz von Sachsen 1550 bei seinem Zug nach Magdeburg den Sold der kaiserlichen Knechte vorerst aus eigener Tasche zahlen. Insgesamt kostete dieser Feldzug – der Moritz nichts einbrachte – die kursächsischen Kassen über eine Million Taler.[46] Zu derartigen Problemen gesellten sich die beschränkten finanziellen Möglichkeiten des frühneuzeitlichen Staates, die immer wieder zu Zahlungsrückständen führten. Daher scheint es nicht unwahrscheinlich, dass Kriegsunternehmer eher auf kleine Betrügereien zurückgriffen, um das Verlustrisiko der Obersten und Hauptleute zu verringern.[47]

Herzog Moritz von Sachsen, seit 1547 Kurfürst
Lucas Cranach der Jüngere 1578

Andererseits waren die Kriegsherren verständlicherweise darauf aus, Soldbetrügereien zu verhindern. Daher stellten sie Kommissare an die Werbeplätze ab, die darauf zu achten hatten, dass neugeworbene Rekruten vor der Einschreibung nicht ihre Waffen untereinander tauschten, sich mehrfach unter anderem Namen einschrieben oder dass die Diener von Offizieren in den Musterrollen eingetragen wurden.[48]

Struktur eines Landsknechtregiments

Kaiser Maximilian I. gilt allgemein als Vater der deutschen Landsknechte, auch weil er ihnen eine eigene Ordnung gegeben habe. Heute wird die Bedeutung des Kaisers für die Ausbildung innerer Strukturen im Landsknechtwesen etwas relativiert. Zu einem nicht unerheblichen Teil entwickelten sich solche Strukturen aus den Reihen der Landsknechte selbst heraus. Des Weiteren trugen auch andere Soldgeber zu ihrer Verfestigung bei. Der Begriff des Artikelsbriefes taucht erstmals 1519 für Truppen des Schwäbischen Bundes – also von den Reichsständen geworbene Truppen – auf.[49]

Zu Beginn des 16. Jahrhunderts bildeten sich auf administrativer Ebene etliche Ämter aus, die für die Verwaltung des Regiments, die Aufrechterhaltung von Disziplin und die taktische Führung von großer Bedeutung waren. Der Pfennigmeister verwaltete die Kriegskasse, zahlte Sold aus und assistierte dem Obersten bei der Ausschreibung von Kontributionen. Der Quartiermeister war für den Aufbau des Lagers oder die Einquartierung eines Regiments in Städten zuständig. Er arbeitete eng mit dem Proviantmeister zusammen, der für die Versorgung mit Lebensmitteln zuständig war und seinerseits von einigen Fourieren unterstützt wurde. Ein weiterer, nicht obligatorischer Rang war der des Wachtmeisters, der ebenfalls eng mit dem Quartiermeister zusammenarbeitete und diesen bei der Wahl eines Lagerplatzes beratschlagte. Ihm unterstand die Sicherheit des Lagers. Da es Landsknechte als würdelos ansahen, Erdarbeiten durchzuführen, mussten hierfür meist eigene Schanzgräber unter der lokalen Bevölkerung der Umgebung angeworben werden. Diese unterstanden im Bedarfsfall einem eigenen Schanzmeister.[50]

Der Zeugmeister verwaltete die Waffenbestände des Regiments und kümmerte sich um die Reparatur beschädigter Waffen oder deren Ersatz. Ihm zur Seite stand mitunter ein Büchsenmeister. Hierbei handelte es sich meist um einen zivilen Handwerker, der außerhalb der militärischen Hierarchie des Regiments stand und daher weniger Sold erhielt als die militärischen „Meister". Da er jedoch das nötige technische Know-how mitbrachte, um im Bedarfsfall defekte Feuerwaffen zu reparieren, konnte sein Einkommen immer noch das Vierfache von dem betragen, was ein einfacher Knecht verdiente.[51]

Die Söldner des 16. Jahrhunderts bildeten eine aus dem zivilen Kontext herausgelöste Rechtsgemeinschaft, ein Umstand, der sicherlich auch dazu beigetragen hat, diesen Berufsstand für Rekruten attraktiv zu gestalten. Juristische Probleme wurden innerhalb des Regiments

46 Vgl.: Schirmer: Die Finanzierung der Fürstenrebellion, S. 73, 76.

47 Vgl.: Redlich: The German Military Enterpriser I, S. 47–49; 95–111.

48 Vgl.: Möller: Das Regiment der Landsknechte, S. 21–31.

49 Vgl.: Baumann: Die deutschen Condottieri, S. 120–121.

50 Vgl.: Miller/Richards: Landsknechte, S. 13, 15–17.

51 Vgl.: Ebd., S. 17.

Von links:
Pikenier um 1525. Dieser Pikenier trägt noch die alte, körperbetonte Landsknechtstracht mit dem Barett.

Offizier zu Pferd, 1547. Diese Zeichnung beruht auf einer Rekonstruktion der Rüstung des späteren sächsischen Kurfürsten Moritz.

Arkebusier um 1540. Dieser Schütze trägt bereits die weiten Pluderhosen, die kurz vor dem Schmalkaldischen Krieg aufkamen, dazu aber das klassische Barett. An einem Bandolier hängen die vorgefertigten Pulverladungen in kleinen Holzfläschchen.

erledigt. Die Söldner unterstanden nicht den Gesetzen des Landesherren, sondern unterwarfen sich mit ihrem Eintritt in ein Regiment den Regeln der Landsknechte. Unregelmäßigkeiten wurden vor einem Feldgericht verhandelt, dem ein Schultheiß im Hauptmannsrang vorstand, welchem ein Schreiber und ein Gerichtswebel zur Seite standen.[52] Für die Aufrechterhaltung der inneren Ordnung im Regiment war der Profoss zuständig. Er hatte darauf zu achten, dass die Knechte kein illegales Glücksspiel betrieben, Schlägereien oder Zweikämpfe ausbrachen und war zudem für den Brandschutz im Lager zuständig.[53] Ihm unterstand ein Hurenwebel, der dafür zu sorgen hatte, dass die das Regiment begleitenden Frauen – dabei handelte es sich keineswegs nur um Prostituierte, sondern auch um Ehefrauen und feste Geliebte der Landsknechte – die innere Ordnung nicht gefährdeten.[54] Mitunter unterstand ihm die Verwaltung des gesamten Trosses, doch diese Aufgabe konnte auch einem eigenen Trosswebel übertragen werden. Bisweilen assistierte ihm ein Ruormeister, ein alter, selten noch diensttauglicher Knecht, der mit einem Knüppel bewaffnet war und abends den „Zapfenstreich“ schlug, indem er im Lager auf die Bier- und Weinfässer trommelte und diesen notfalls den Zapfen abschlug.[55] Je nachdem wie der Tross organisiert war, gab es für jeden Wagen einen Wagenmeister.

Schließlich verfügten einige Regimenter über Brandmeister. Diese sollten im Falle der Brandschatzung eines Dorfes oder einer Stadt mit ihren Brandknechten sicher stellen, dass keine unkontrollierten Feuer ausbrachen, die eventuell wertvolle Infrastruktur (Zeughäuser, Speicher, Wehranlagen) zerstörten.

Landsknecht mit Arkebuse
Hans Sebald Beham, 1540

Die Landknechtstracht

Im Spätmittelalter, etwa ab dem ausgehenden 14. Jahrhundert, entwickelte sich in den Städten eine schnell wechselnde und zunehmend aufwendiger werdende Mode. Während die bäuerliche Bekleidung auf dem Land sich bis in die Frühe Neuzeit hinein nur wenig veränderte, versuchte hier das Bürgertum, dem Adel nachzueifern und dieser wiederum, sich von den nicht nobilitierten Schichten abzugrenzen. Um diesem Wettlauf Einhalt zu gebieten, kamen im späten 15. Jahrhundert vermehrt städtische Kleiderordnungen auf, die die einzelnen sozialen Schichten in die Schranken weisen sollten.[56]

Das Militär war dagegen noch keiner zentral verordneten Uniformierung unterworfen. Zu begrenzt war die Zeit ihrer Verpflichtung, zu gering die finanziellen Mittel der Fürsten, aber nicht zuletzt auch die Leistungsfähigkeit eines Gewerbes, das kaum größere Manufakturen kannte. Dennoch bildete sich im ausgehenden 15. Jahrhundert eine Landsknechtstracht mit einer Reihe typischer modischer Merkmale heraus. Die Wämser und Beinlinge wurden durch lange Schlitze verziert, aus denen ein kontrastfarbiges Unterfutter hervorschimmerte. Mitunter wurden ein oder beide Hosenbeine abgeschnitten, der Latz optisch (phallusbetonend) hervorgehoben, die Barette, Mützen und Hüte auffällig mit Federn verziert.[57]

Die Mode des „Aufschlitzens“ der Kleidung entstand wohl aus der Not heraus, indem durch Feldzüge zerissene Wämser und Hosen zu einem Idealtypus der Söldnerkleidung erhoben wurden. Andere Theorien führen sie auf die Schweizer Söldner des 15. Jahrhunderts zurück, die die damals modische, aber eng anliegende burgundische Kleidung aufgeschlitzt haben sollen, um mehr Bewegungsfreiheit zu erlangen. Tatsächlich finden sich auf den Abbildungen von Schweizer Söldnern um 1500 die Schlitze vor allem in den Gelenkpartien von Ellbogen und Schulter. Die reich bebilderten Chroniken der 1470er und 1480er Jahre zeigen sie dagegen nicht.[58]

Eine dritte Theorie führt sie daher auf die italienische Herrenmode zurück, wo sich solche Schlitze bereits im späten 15. Jahrhundert finden lassen. Da deutsche und schweizerische Söldner zu dieser Zeit in Italien sehr begehrt waren, ist es durchaus wahrscheinlich, dass diese sich modisch an der heimischen Stadtbevölkerung orientierten.[59]

Im 16. Jahrhundert nahm die Dekorierung der Soldatenkleidung durch Schlitze immer mehr zu. Bereits in den Webereien wurden die Tuche vorgestanzt oder mit Locheisen gebrannt. Gesäumt wurden die Schlitze nicht, weswegen die Wämser und Hosen wohl auch schnell ausfransten und kaum eine lange Lebenserwartung besaßen.[60]

Die Art der Schlitzung gab Auskunft über die Herkunft eines Söldners. Seit dem 15. Jahrhundert hatten die

52 Möller: Das Regiment der Landsknechte, S. 132–134, 142–143.

53 Ebd., S. 144–147.

54 Ebd., S. 177–182.

55 Ebd., S. 177.

56 Vgl.: Rogg: „Zerhauen und zerschnitten, nach adelichen Sitten“, S. 110–112.

57 Vgl.: Rogg: „Zerhauen und zerschnitten, nach adelichen Sitten“, S. 113; Rogg: Landsknechte und Reisläufer, S. 19.

58 Vgl.: Rogg: „Zerhauen und zerschnitten, nach adelichen Sitten“, S. 114.

59 Vgl.: Ebd., S. 116.

60 Vgl.: Ebd., S. 117; Rogg: Landsknechte und Reisläufer, S. 19–20.

Unteroffizier mit Hellebarde um 1540
Als Nahkampfwaffe kam die Hellebarde in der Mitte des 16. Jahrhunderts weitgehend außer Gebrauch. Dafür galt sie nun als Standeszeichen für Unteroffiziere.

anhaltenden Auseinandersetzungen zwischen Schweizer Reisläufern und deutschen Landsknechten dazu geführt, dass sich eine gewisse „Uniformität" in der Art der Schlitzungen herausbildete. Während die Schweizer das weiße, vom Georgskreuz abgeleitete Schweizer Kreuz trugen, übernahm Maximilian I., der „Vater der deutschen Landsknechte", für diese das rote Andreaskreuz aus der burgundischen Tradition.[61] Allerdings erwies sich eine solche durch modische Details betonte Unterscheidung auf dem Schlachtfeld als unzureichend. Daher wurden immer wieder einheitliche Uniformen improvisiert. In der Schlacht bei Pavia (1525) zogen sich die kaiserlichen Landsknechte weiße Leinenhemden über, um sich gegenseitig unterscheiden zu können.[62] Während des Schmalkaldischen Krieges griffen die Landsknechte der einzelnen Kriegsparteien auf „Feldzeichen" zurück, wobei nicht immer ganz klar ist, worum es sich dabei handelte. In den Französischen Religionskriegen der zweiten Hälfte des 16. Jahrhunderts wurden hierfür Schärpen genutzt. Überliefert ist eine Beschwerde Herzog Erichs II. von Braunschweig-Calenberg, der sich während der zweiten Belagerung Bremens darüber beklagte, *„daß sich etzliche der Euren auff Schermutzeln und sonst mit rothen Veltzeichen sehen lassen, daß inen als Kriegsleuten nicht geburett."*[63] *Der Rat gab sich in seinem Antwortschreiben unwissend, stellte aber zugleich fest, „dat syck etliche unser Viande dermathen midt witten feldttekken finden schollen laten."*[64] Möglicherweise kam es ohne Kenntnis des Rates und des Herzogs zu Absprachen zwischen den Landsknechten, wonach die Katholischen mit weißen und die Protestanten mit roten Feldzeichen kenntlich gemacht werden sollten.

Dadurch, dass die Oberbekleidung immer stärker aufgeschlitzt wurde, gewann die Unterbekleidung zunehmend an Bedeutung. Zum Unterfüttern wurden Baumwoll- oder Seidenmischgewebe, wie Barchent, Halbseide oder Karteck verwendet, die teurer waren, als der Wollstoff der Oberbekleidung. Das Tragen mehrerer Kleidungsstücke übereinander gewann nun nicht nur einen praktischen Nutzen, sondern diente der Darstellung der eigenen Finanzkraft.[65]

Eine weitere im Spätmittelalter populär werdende Modeerscheinung sozialer Randgruppen, wie Spielleuten, Henkern, aber vor allem Militärs, war die vertikale Zweiteilung der Tracht, wobei vor allem die Farben Grün, Rot und Gelb häufig Verwendung fanden.[66] Auch diese „Mi-parti" bezeichnete Unterteilung wurde identitätsstiftend genutzt. So bevorzugten die Schweizer Hosen mit dieser Farbteilung, während die deutschen Söldner die „zerhauene" Hose bevorzugten, bei der ein Bein – seltener alle beide – abgeschnitten wurde.

Als Kopfbedeckung nutzten die deutschen Landsknechte breitkrempige Barette oder eng anliegende Lederkappen mit Ohrenschutz. Als Verzierung war die Pfauenfeder sehr beliebt, die die Landsknechte nach vorn trugen. Die Reisläufer bevorzugten dagegen das zerschnittene Barett mit Federschmuck, wobei nach hinten getragene Straußenfedern als Blickfänger dienten.[67]

Unterschiede gab es auch beim Führen der Seitenwaffe. Während die Hellebarde und der lange Spieß von Schweizern und Deutschen gleichermaßen geführt wurde, bevorzugten die Landknechte als Klingenwaffe entweder den Katzbalger, das breite Kurzschwert, oder den schwer handhabbaren Bidenhänder. Die Reisläufer verwendeten dagegen den etwas schmaleren Anderthalbhänder, den Schweizer Degen oder den kurzen und breiten Schweizer Dolch.[68]

In der Schweiz wurde das Tragen derartiger Kleidung im Zuge der Reformation immer weiter eingeschränkt. Die Regierung von Bern verbot beispielsweise 1531 das Tragen „zerhauener" Kleider. Allerdings fand diese bei den im Ausland unter Sold stehenden Reisläufern nach wie vor Verwendung. Im Reich hatte Karl V. seinen Söldnern durch die eigentlich sehr strenge, alle Stände umfassende Kleiderordnung von 1530 freie Hand gelassen: *„Aber ein Kriegsmann, so einen Dienst hatt [...] der mag sich nach Gestalt und Lauff, und wie ihm gelegen, kleiden/ und tragen."*[69]

Ab den 1540er Jahren fand die weite Pluderhose Eingang in die Landsknechtstracht und löste die engen Beinlinge nach und nach ab. Bildliche Darstellungen zeigen bereits 1539 Knechte der Stadt Nürnberg mit knielangen Pluderhosen oder 1545 die Knechte des Augsburger Stadtaufgebots.[70] Zwar neigte sich die klassische Landsknechtära mit dem Schmalkaldischen Krieg bereits ihrem Ende zu, aber, wie zwei Bilder des sächsischen Malers Lucas Cranach aus dem Jahr 1545 belegen, traten die Landknechte hier noch ein letztes Mal in ihrer prächtigen, bunten Tracht in Erscheinung.[71]

61 Vgl.: Rogg: „Zerhauen und zerschnitten, nach adelichen Sitten", S. 120–122; Rogg: Landsknechte und Reisläufer, S. 21–22.

62 Vgl.: Arnold: Renaissance at War, S. 176.

63 Zit. nach: Kohlmann: Kriegesmuth und Siegesfreude, S. 77.

64 Zit. Ebd., S. 78, *„dass sich etliche unserer Feinde mit weißen Feldzeichen angetroffen worden sind."*

65 Vgl.: Rogg: „Zerhauen und zerschnitten, nach adelichen Sitten", S. 118; Rogg: Landsknechte und Reisläufer, S. 19.

66 Vgl.: Rogg: „Zerhauen und zerschnitten, nach adelichen Sitten", S. 118.

67 Vgl.: Ebd., S. 124–125; Rogg: Landsknechte und Reisläufer, S. 19.

68 Vgl.: Rogg: „Zerhauen und zerschnitten, nach adelichen Sitten", S. 126; Rogg: Landsknechte und Reisläufer, S. 21–22.

69 Zit. nach: Rogg: „Zerhauen und zerschnitten, nach adelichen Sitten", S. 132, vgl. ebd. S. 131–132.

70 Vgl.: Rogg: „Zerhauen und zerschnitten, nach adelichen Sitten", S. 133.

71 Zwei Landsknechte, Cranach-Schule.

Zwei deutsche Steckenknechte
Lorenz Stoer,1530

Reiterei

Die Zeit der Landsknechte im 16. Jahrhundert wird allgemein als eine Epoche der Militärgeschichte angesehen, in der die Infanterie das Schlachtfeld beherrschte. Dieses Bild ist nur teilweise richtig. Zwar war es nahezu unmöglich für die Reiterei, einen geordneten Gewalthaufen auseinanderzusprengen, dennoch beweist gerade der Schmalkaldische Krieg, welch große Bedeutung berittene Truppen in der Schlacht nach wie vor besaßen. Die Schlacht bei Mühlberg wurde fast ausschließlich zwischen Kavallerieverbänden ausgetragen, ehe die fliehenden Fußtruppen des Bundes von den Siegern niedergeritten wurden. Auch bei Drakenburg gelang es der Reiterei des Bundes, die Kavallerie der Kaiserlichen zu überwältigen und so Panik in den Reihen des gegnerischen Fußvolks auszulösen, um es anschließend in die Weser zu drängen.

Militärgeschichte, die die Entwicklung der Kavallerie in der Frühen Neuzeit als Phase ständigen Niedergangs zugunsten von Infanterieformationen begreift, ist nicht in der Lage, die mannigfaltigen Änderungen zu begreifen, die diese Waffengattung durchlief. Zu keinem Zeitpunkt waren diese Entwicklungen komplexer, als im 16. Jahrhundert, umfassten sie doch soziale, waffentechnische und taktische Umwälzungen. Zwar handelte es sich beim berittenen Söldner ebenfalls um einen eigenen Berufsstand, der nichts mehr mit dem mittelalterlichen Ritter gemein hatte, dennoch dienten nach wie vor überwiegend Adelige oder reiche Patriziersöhne aus den Städten bei der Kavallerie, da nur sie die teure Ausrüstung aufbringen konnten. Doch anders als in den hoch- und spätmittelalterlichen Feudalaufgeboten, in denen der Ritter noch mehr oder minder als Individualist auftrat, waren sie als reine Soldnehmer einer stärkeren Disziplin, auch auf dem Schlachtfeld, unterworfen.[72]

Durch neue Entwicklungen in der Schmiedekunst, behielt die Rüstung bei der Reiterei weiterhin eine hohe Bedeutung. Harnische wurden leichter und dennoch widerstandsfähiger. In der Mitte des 16. Jahrhunderts hatte sich bei der Kavallerie der sogenannte Trabharnisch durchgesetzt, der sich in seiner Zusammensetzung von spätmittelalterlichen Rüstungen vor allem dadurch unterschied, dass Beinröhren und Eisenschuhe durch kniehohe schwere lederne Stiefel ersetzt wurden.[73]

Gute Kavalleriepferde kosteten wenigstens 30 Gulden. So verzeichnen die kursächsischen Schadenersatzrechnungen des Schmalkaldischen Krieges u.a. *„37fl 15g Hansenn Turckenn dem schultheis zu Optleffingen an 33 talernn vor ein gahull bezaldt", „34fl 6 g Fattio Happoldt schultheis zu Schermbergk vor sein angeschlagenenn gaul zw 30 talernn" und schließlich „57fl 3 g Wilhelm von Wiczlebenn vor seinenn angeschlagenenn ghaul vor 50 taler."*[74]

Die Reiterei spaltete sich nun in mehrere unterschiedliche Waffengattungen auf. Als Schocktruppe fungierten schwer bewaffnete Lanzenreiter, die über die größten und kräftigsten Pferde verfügten. Die Masse der Kavallerie bildeten die „Corazzen" (Kürassiere), die mit Faustfeuerwaffen ausgestattet waren. Weil sich diese insbesondere im Reich großer Beliebtheit erfreuten, wurden sie auch als „Deutsche Reiter" bezeichnet.[75] Quellenkundlich tauchen sie tatsächlich zu Beginn des Schmalkaldischen Krieges erstmals auf, als Maximilian Egmont van Buren Graf Ysselsten eine Schwadron *„Coritsers"* für den Kaiser zur Verfügung stellte.[76]

Spätere Autoren haben die Effizienz der Pistolenreiter angezweifelt, im 16. Jahrhundert erwiesen sie sich jedoch als die flexibler einsetzbare Waffengattung. Während Lanzenreiter kaum noch Chancen gegen eine disziplinierte, mit Spießen bewaffnete Infanterieformation besaßen und nur gegen andere Kavallerie eingesetzt werden konnten, waren die Pistolenreiter sowohl gegen Fußvolk als auch andere Reiter einsetzbar.[77]

In Ungarn konnten die Habsburger auf ein besonders erfahrenes Truppenpotenzial zurückgreifen. An der Grenze zum Osmanischen Reich herrschte während des 16. Jahrhunderts ein permanenter Kleinkrieg. Zum Schutz der eigenen Bevölkerung übernahmen die Habsburger das bereits von den Jagiellonen etablierte System der „Militärgrenze", indem sie wehrdienstpflichtige Bauern an bedrohten Punkten ansiedelten. Zudem erfolgte der Ausbau eines Festungsgürtels. Ähnlich der römischen Limeskastelle dienten diese Festungen zugleich als Garnisonen für Verbände schwerer westeuropäischer Kavallerie und leichter „kroatischer" Reiterei.[78] Diese Kroaten wurden dabei als Söldner in Dienst genommen. Im Königreich Ungarn kamen zudem sogenannte Husaren zum Einsatz. Über die etymologische Herkunft dieses Begriffs besteht noch immer keine einheitliche Meinung. Einige Forscher gehen im Zusammenhang mit der ungarischen Herkunft der Reiter davon aus, dass er vom ungarischen Wort „húsz" abgeleitet ist, welches „20" meint und bedeutet, dass 20 Häuser einen dieser Reiter zu stellen hatten. Auch das Wesen der Husaren selbst war im 16. Jahrhundert sehr verschieden. In Serbien oder den rumänischen Fürstentümern entstanden sie wohl im Laufe des 15. Jahrhunderts als leichte, mit Lanzen und Säbeln ausgestattete Reiterei, in Ungarn dagegen als schwere, gepanzerte Kavalleristen mit Brustpanzern, trapezförmigen Schilden, Lanzen, Säbeln, Streithämmern und Helmen nach orientalischen Vorbildern (später als Zischäggen bekannt).[79] Solche Husaren begleiteten das kaiserliche Heer 1547 nach Sachsen, wo sie durch ihre hohe Mobilität auffielen. Einigen Berichten zufolge waren es Ungarn, die den sächsischen Kurfürsten gefangen nahmen und seine Truppen bis Wittenberg verfolgten.

72 Vgl.: Arnold: Renaissance at War, S. 104–109.

73 Vgl.: Ortenburg: Waffen, S. 32–36.

74 Zit. nach: Kellenbenz: Geldbeschaffung, S. 36.

75 Vgl.: Ortenburg: Waffen, S. 99–100.

76 Vgl.: Redlich: The German Military Enterpriser I, S. 43.

77 Arnold: Renaissance at War, S. 114–117.

78 Zur Militärgrenze vgl.: Ágoston: Empires and Warfare, S. 110–111; Rothenberg: The Austrian Military Border; Berger: Baut dem Reich einen Wall; Kaser: Freier Bauer und Soldat.

79 Hierzu: Mugnai/Flaherty: Der lange Türkenkrieg, S. 29–49.

Ein schwerer deutscher Reiter um 1550
Die Rüstschmiedekunst erreichte im 16. Jahrhundert noch einmal einen neuen Höhepunkt, auch wenn die Rüstungen für viele schwere Reiter eher kostengünstige Massenprodukte waren. In den Schlachten des Schmalkaldischen Krieges zeigte sich klar, dass die Kavallerie trotz der effektiven Infanterietaktiken noch nicht an Bedeutung verloren hatte. Die beiden wichtigsten Gefechte, Mühlberg und Drakenburg, wurden beide von der Kavallerie entschieden.

Fußvolk

Nach der Schlacht bei Bicocca, die erstmals die Effizienz von Handfeuerwaffen unter Beweis gestellt hatte, begannen deutsche Kriegsunternehmer, wie etwa Georg von Frundsberg, Schützen stärker in die Spießerhaufen zu integrieren.[80] Die Preise für Schusswaffen unterlagen damals großen Schwankungen. Kardinal Albrecht von Brandenburg bezahlte 1537 für eine Lieferung von 50 „Handrohren" einen Taler pro Stück. Philipp von Hessen stellte jedem Landsknecht, dem er eine solche Waffe aushändigte, zwei bis drei Gulden in Rechnung, was jedoch auch ein Hinweis darauf sein könnte, dass der Landgraf damit noch ein gewinnbringendes Geschäft betrieb.[81]

Für einen Spieß stellte der Landgraf 1546 ebenfalls einen ganzen Gulden in Rechnung.[82] Während des Schmalkaldischen Krieges lag das Verhältnis von Feuerwaffenträgern im Vergleich zu Spießern bereits etwa bei 1:2.[83] Gerade bei den städtischen Aufgeboten in Norddeutschland konnte sich dieses Verhältnis jedoch schnell zugunsten der Stangenwaffenträger verschieben. Die während des Krieges festgesetzten Truppenkontingente forderten von Bremen, Hamburg, Magdeburg und Braunschweig je 28 Reiter, 150 Mann Fußtruppen und gerade einmal zwei Büchsenschützen, von Goslar und Hildesheim 20 Berittene, 100 Mann zu Fuß und ebenfalls zwei Schützen, Göttingen und Hannover 15 Reiter, 80 Mann zu Fuß und zwei Schützen, Einbeck fünf Reiter 40 Mann zu Fuß und einen einzigen Schützen.[84] Damit kämen auf 1.000 einfache Fußknechte gerade einmal 17 Schützen. Allerdings handelte es sich hierbei um städtische Aufgebote, sodass dieses Verhältnis keineswegs repräsentativ für die Zusammensetzung eines Landsknechtsregiment ist.

In den Grafiken deutscher Renaissancekünstler ist auch der Bidenhänder bis in die Mitte des Jahrhunderts noch sehr oft als typische Landsknechtswaffe zu erkennen. John Hale zweifelt jedoch daran, dass diese, insbesondere in den dicht gedrängten Gewalthaufen eher unhandlich zu führende Waffe, nach 1515 tatsächlich noch so verbreitet gewesen ist, wie es die Kunst gern suggerieren möchte.[85] Geoffrey Parker geht hingegen davon aus, dass das Aufkommen von Feuerwaffenträgern Bidenhänder und Hellebarden bis zur Mitte des 16. Jahrhunderts aus dem Arsenal der Landsknechte weitestgehend verdrängte.[86] Dagegen hat der deutsche Söldner Paul Dolnstein bereits im frühen 16. Jahrhundert die Zusammensetzung eines Gewalthaufens mit 198 Langspießträgern (in 18 elf Mann breiten Gliedern), 75 Hellebarden und ebenso vielen Handbüchsenschützen beschrieben. Bidenhänderträger erwähnt er nicht.[87]

80 Vgl.: Baumann: Die deutschen Condottieri, S. 123.
81 Vgl.: Liebe: Waffenpreise, S. 121.
82 Vgl.: Ebd., S. 121.
83 Vgl.: Schnitter/Schmidt: Absolutismus und Heer, S. 65–66. Ähnliche Zahlen führt John Hale für andere europäische Heere in der Mitte und im ausgehenden 16. Jahrhundert an, vgl.: Hale: War and Society, S. 52.
84 Vgl.: Kohlmann: Kriegesmuth und Siegesfreude, S. 16.
85 Vgl.: Hale: War and Society, S. 51.
86 Vgl.: Parker: The Military Revolution, S. 17.
87 Vgl.: Xenakis: Gewalt und Gemeinschaft, S. 130–132.

Auch die Rüstung für Fußknechte, so sie über welche verfügten, war teuer. Kardinal Albrecht von Brandenburg bezahlte 1537 für eine Lieferung von 150 Harnischen mit Rücken, Krebs mit Scheren, Armschienen, Kragen und Hirnhaube je 3,5 Taler.[88]

Lantsknecht Hauptman.

Söldnerhauptmann mit Partisane
H.D. unbekannter Monogrammist des 16. Jahrhunderts

Artillerie

In der Mitte des 16. Jahrhunderts gehörten leichte Feldgeschütze endgültig zum festen Bestandteil eines jeden größeren Heeres. Technische Innovation erlaubte einen effektiveren Transport von Geschützen im Feld. Kanonen wurden mit Zapfen gegossen, die eine einfachere Höhenverstellung erlaubten. Zweirädrige Lafetten setzten sich langsam durch. Sie boten im Feld eine stabile Geschützplattform und konnten entweder an Wagen oder an zweirädrige Protzen (Protzkästen kamen allerdings viel später auf) gehängt werden, wodurch ein mobiles System entstand, welches gegenüber der bisherigen Art, Geschütze auf Schlitten oder zerlegt auf Wagen mit sich zu führen, große Vorteile bot.[89]

Zwar war die Technik weit genug vorangeschritten, um eine felddiensttaugliche Artillerie herstellen zu können,

88 Vgl.: Liebe: Waffenpreise, S. 121.
89 Vgl.: Arnold: Renaissance at War, S. 36.

Doppelsöldner mit Bidenhänder

Landsknechte, wie der hier abgebildete Doppelsöldner mit schwerem Bidenhänder waren durchaus furchteinflößend. Obwohl Bidenhänderträger in zeitgenössischen Abbildungen noch dargestellt werden, tauchen sie in Musterlisten kaum noch auf und scheinen ihre Bedeutung in der Schlacht verloren zu haben.

allerdings waren auch die kleinen Geschütze immer noch so schwer, dass sie von bis zu zehn Pferden gezogen werden mussten. Dazu kamen weitere Zugtiere für die Munitionswagen. 1544 wurden für einen spanischen Artilleriezug von 50 Geschützen 4.777 Pferde benötigt.[90] Ein mobiler Einsatz im Feld war somit kaum möglich. Umfangreiche Überlieferungen sind auch vom Artillerie- und Materialtrain der kaiserlichen Armee 1546/47 überliefert:

Geschütze, Wagen und Material der kaiserlichen Armee 1546/47[91]

Gegenstand	Anzahl
Vollkartaune	10
Halbkartaune	12
Kulverin	4
Halbkulverin	17
Feldschlange	7
Falken	16
Halbfalken (Falkonett)	2
Kugeln für Vollkartaunen	3.993
Vom Gegner bei Ingolstadt geborgene Kugeln	568
Kugeln für Halbkartaunen	4.243
Kugeln für Kulverinen	380
Kugeln für Halbkulverinen	2.154
Kugeln für Schlangen	1.768
Kugeln für Falken	2.350
Kanonenpulver	2.759 Zentner
Arkebusenpulver	1.000 Zentner
Salpeter	396 Pfund
Schwefel	650 Pfund
Kohle	2 Wagenladungen
Lunten	286 Zentner
Blei	975 Zentner
Dreifüße zum Anheben von Kanonen	3
Zelte und Pavillons	23
Rohre	185
Eiserne Schrauben und Muttern	500
Roheisen	28.015 Pfund
Hämmer	8
Zangen	34
Blasebälge	10
Öfen	4
Greifzangen	3
Kuhfüße/Brechstangen	22
Hölzerne Kisten	38
Terpentin	1 Fass
Geldkassetten	2
Laternen	50
Weidenkörbe	600
Zugseile aus Hanf für Pferde	490
Sicheln zum Faschinenschneiden/ Faschinenmesser	750
Schaufeln	4.871
Äxte	510
Spitzhacken	2.762
Spaten	5.561
Ersatzgriffe für Werkzeug	600
Getreidesicheln	150
Kleine Sicheln	700
Hufeisen	3.600
Hufeisennägel	150.000

Diese Liste verdeutlicht den enormen logistischen Aufwand, den die kaiserliche Armee betrieb. Neben fertigem Pulver und Kugeln wurde alles mitgeführt, um Pulver im Feld herzustellen und neue Kugeln zu gießen. Wie viele Wagen und Zugtiere hierfür benötigt wurden, geht aus der Liste allerdings nicht hervor.

Generell existierten zwei sehr unterschiedliche Techniken zur Herstellung von Geschützen. Nach wie vor fand das alte Stabringverfahren Anwendung, bei dem Eisenstäbe um eine Spindel angeordnet und mit Eisenbändern zusammengehalten wurden. Das Verfahren war vergleichsweise einfach und kostengünstig. Allerdings bestand die Gefahr, dass sich die einzelnen Stäbe durch den Explosionsdruck wieder locker schüttelten. Zudem war Eisen sehr rostanfällig, was durch die Verwendung von aggressivem Schwarzpulver noch verstärkt wurde.[92]

Stabiler und widerstandsfähiger waren die gegossenen Bronzekanonen. Ihre Herstellung war zwar wesentlich aufwendiger, ähnelte aber dem Guss von Kirchenglocken. Bevor sich Handwerker und Gießereien auf die Waffenherstellung spezialisierten, stellten sie oftmals beides her.[93]

Artillerie wurde zunehmend spezialisierter. Für Belagerungen wurden Voll-, Halb- und Doppelkanonen verwendet. Diese besaßen vergleichsweise kurze Rohe (Kaliber-Längenverhältnis 1:18 bis 1:24). Feldstücke und andere Langdistanzwaffen wurden als Kulverinen bezeichnet und besaßen wesentlich längere Rohre (1:32 bis 1:40). Da die Bronzegeschütze mit der Mündung nach unten gegossen wurden, war die Metalldichte im Mündungsbereich etwas höher. Dies erhöhte die Stabilität an eben jenem Teil des Geschützes, der beim Abfeuern am stärksten beansprucht wurde, was wiederum erlaubte, die Kulverinen mit mehr Pulver zu laden, wodurch sich ihre Reichweite erhöhte. Nutzte man für

90 Vgl.: Hale: War and Society, S. 157.
91 Arnold: Renaissance at War, S. 62–63.
92 Vgl.: Ebd., S. 32.
93 Vgl.: Ebd., S. 33–34.

Ein Artilleriezug
Solms Kriegsbuch 1559/60
Deutlich erkennbar sind die offenen Wagen, in denen die Kugeln transportiert wurden.
Das Pulver wurde auf separaten Wagen gefahren.

kurzrohrige Kanonen Treibladungen mit nur zwei Dritteln des Geschossgewichts, so waren es bei Kulverinen bis zu vier Fünftel.[94]

Das Geschützwesen galt als Sport der Könige. Es war keineswegs der Fall, dass an ritterlichen Ehrvorstellungen festhängende Monarchen die neuen Waffen ablehnten. Traditionsbewusste Fürsten wie Karl der Kühne von Burgund und Kaiser Maximilian galten als große Förderer des Geschützwesens. Gleiches galt für Maximilians Nachfolger Karl.[95] Sie konnten auch das nötige Kapital für die teuren Waffen aufbringen. Aber auch die Städte und die größeren Fürsten des Reiches investierten in Kanonen. Für die Feldartillerie bestellte Moritz von Sachsen 1545 und 1546 eine Reihe kleiner vierpfündiger Feldschlangen, denen 1551 vier sogenannte Notschlangen folgten.[96] 1552 ließ Moritz eine Serie von acht schweren eisernen Kartaunen gießen. Dabei handelte es sich um Sechzigpfünder.[97] Daneben wurden aber anscheinend auch alte Geschütze weiter verwendet. Ein gutes Beispiel bietet die im Dresdner Militärhistorischen Museum erhaltene „Faule Magd". Dabei handelt es sich um ein schweres, aus zwei Teilen bestehendes Stabringgeschütz, das zur Zeit der Hussitenkriege hergestellt worden war. Damals fungierte es als Legestück, hatte also keine eigene Lafette. Diese wurde erst 1511 für die Kanone angefertigt.

Solche antiken Stücke erfüllten wohl vor allem repräsentative Zwecke, für die sie aufgrund ihrer Größe gut geeignet waren. Dieser Aspekt bildete beim Durchbruch des Artilleriewesens nach wie vor eine große Rolle, er übertraf womöglich sogar die Bedeutung von Kanonen in Feldschlachten (wenn auch nicht bei Belagerungen). Das Bronzegussverfahren ermöglichte es, Kanonen mit reichen Verzierungen herzustellen und in ihren Feuerwerksbüchern verweisen Kanoniere und Feuerwerke immer wieder auf spezielle Pulvermischungen, die beim Salutschießen besonders viel Rauch entwickelten oder mit größerem Knall explodierten. Das Salutschießen zur Begrüßung hochrangiger Gäste auf Schlössern, Festungen und in Städten sollte ebenso die militärische (aber auch wirtschaftliche) Potenz eines Fürsten demonstrieren, wie Salutschüsse an bestimmten Feiertagen. Nach der Rückkehr von seiner Kaiserkrönung ließ Karl V. 1530 vor den Toren Münchens aufwendig eine Belagerung nachstellen. Hierfür wurde eine kleine Burgenattrappe errichtet, die von den aufgefahrenen Geschützen des Kaisers beschossen und durch seine Truppen anschließend erstürmt wurde.[98]

Auf dem Marsch

Auf den Feldzügen wurden die Söldnerheere von gewaltigen Trossen begleitet, die sich zu einem erheblichen Teil aus einer anderen „Unternehmergruppe" zusammensetzte, den Marketendern. Diese verkauften den Landknechten Brot, Fleisch und Bier für ihre Proviant-Lohngelder.[99] Schätzungen zufolge kam auf zehn Landsknechte ein Wagen.[100]

Trotz des gewaltigen Trosses und der nur schwer fortzubringenden Artillerie konnten die Söldnerheere des Schmalkaldischen Krieges teilweise enorm hohe Tagesdistanzen auf dem Marsch zurücklegen. Das Hamburger Aufgebot, welches sich im Mai 1547 dem protestantischen Heer im niedersächsischen Kreis anschloss, legte die etwa 160 Kilometer von der Hansestadt zum Sammelplatz bei Groß Lafferde in gerade einmal vier Tagen zurück, schaffte also 40 Kilometer am Tag. Auch als sich die protestantischen Truppen schließlich vereinigt hatten, Heer und Tross also noch anwuchsen, konnten diese Marschleistungen noch teilweise erzielt werden.[101]

94 Vgl.: Ebd., S. 34–36.
95 Vgl.: Ebd., S. 42–43.
96 Vgl.: HSTA DD 11269/534 Inventarium, Bl. 6, 9.
97 Vgl.: HSTA DD 11269/534 Inventarium, Bl. 3 listet die Geschütze noch 1703 als Bestandteil des Dresdner Zeughauses.
98 Vgl.: ARNOLD: Renaissance at War, S. 39–45.
99 Vgl.: KRÜGER: Kriegsfinanzen, S. 49.
100 Vgl.: FIEDLER: Taktik und Strategie, S. 83.
101 Vgl.: BOTHMER: Die Schlacht vor der Drakenburg, S. 89–90.

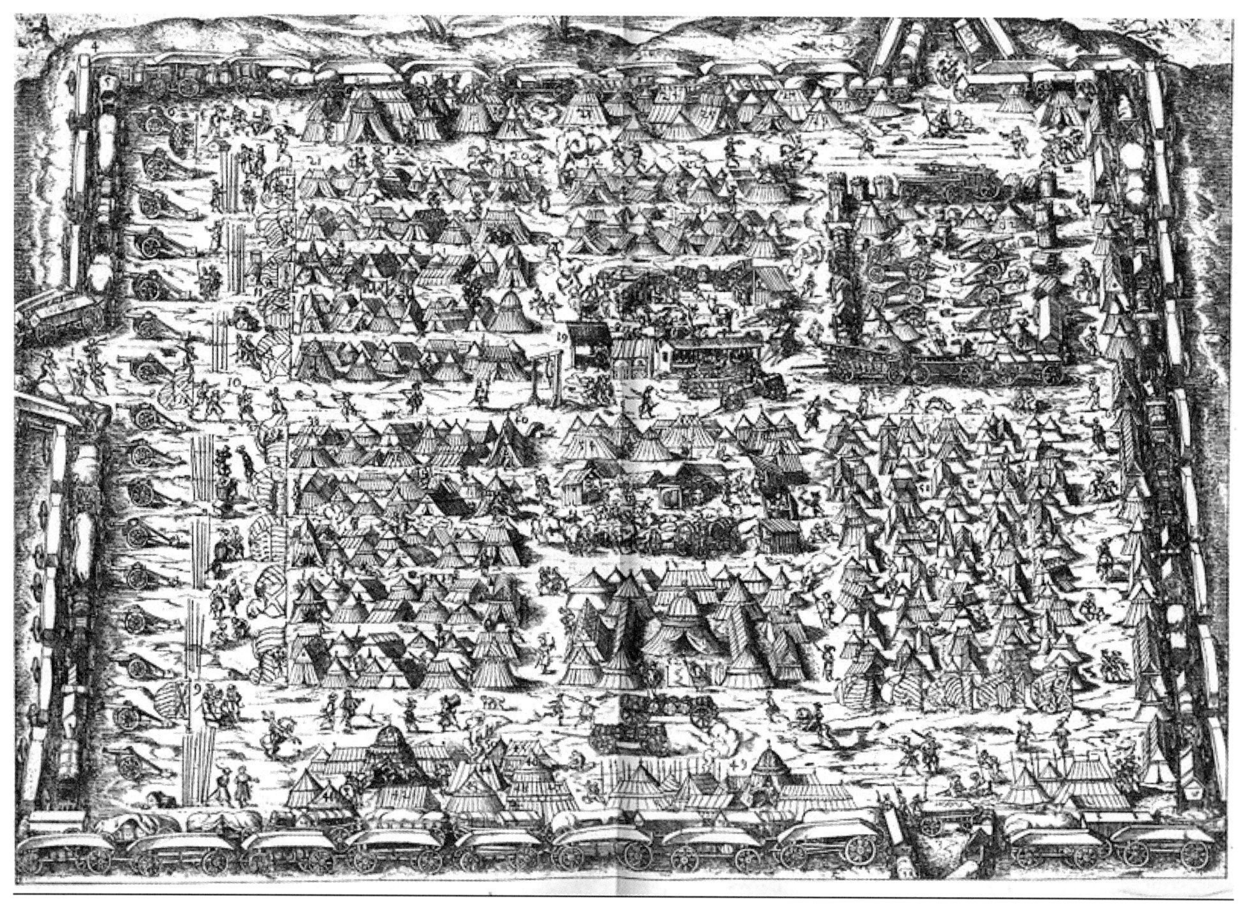

Ein Feldlager in der zweiten Hälfte des 16. Jahrhunderts
Radierung nach Jost Amman
Deutlich zu sehen ist die Absicherung des Lagers durch den mitgeführten Wagenpark. Im Lager selbst sind die Zeltstraßen der einzelnen Regimenter gut zu unterscheiden. An den jeweiligen Kopfenden der Lagerstraßen sind die Spieße der Pikeniere in den Boden gesteckt. Oben rechts befindet sich der nochmals durch eine kleine Wagenburg gesicherte Artilleriepark.

Die Geschwindigkeit des Trosses und der Schutz des eigenen Wagenparks hatten einen entscheidenden Einfluss auf die Kriegsführung. Vor der Schlacht bei Drakenburg scheiterte die Vereinigung der beiden kaiserlichen Korps daran, dass eines aufgrund der sandigen Straßen langsamer vorankam als geplant. Bei Mühlberg entschied sich Kurfürst Johann Friedrich gegen die Annahme einer Schlacht, da er fürchtete, im Fall seiner Niederlage seinen gesamten Tross zu verlieren. Daher wollte er nur hinhaltende Rückzugsgefechte führen, um seine Wagen und die Artillerie zu retten.

Im Lager

Grafische Darstellungen der Renaissance geben detaillierte Auskünfte über den Aufbau eines Lagers. Wie im Spätmittelalter wurden militärische Biwaks weiterhin durch den mitgeführten Wagenpark gesichert. Innerhalb eines solchen Lagers gab es verschiedene klar voneinander getrennte Bereiche. So wurde der Artilleriepark meist in einer nochmals zusätzlich gesicherten Wagenburg geparkt. Für Pferde und das mitgeführte Schlachtvieh wurden eigene Koppeln abgesteckt. Regimenter oder Kompanien erhielten jeweils eigene Lagerstraßen. Während Offiziere fast ausschließlich in Zelten schliefen, existieren unterschiedliche Darstellungen über die Unterbringung von Soldaten. Jost Amman zeigt in seiner Zeichnung eines Lagers lange Zeltstraßen. Diese bestehen aus einer Vielzahl uneinheitlicher Typen. An den jeweiligen Kopfenden der Lagerstraßen sind die Fahnen und die Spieße der Pikeniere in den Boden gesteckt. Dagegen zeigt ein Stich von Lucas Cranach ein Lager mit Strohhütten. Klar zu erkennen sind die Spieße, die aus den Dächern der Hütten herausragen und wahrscheinlich zu deren Errichtung verwendet wurden. Das „Kriegsbuch" von Leonhard Fronsperger zeigt hingegen ein Lager mit Zeltstraßen. Allerdings lassen sich auch hier in den Außenbereichen eindeutig kleinere Hüttenlager erkennen. In einem dieser Lager sind mehrere Männer mit Schaufeln zu sehen. Denkbar ist daher, dass es sich dabei um einen Lagerbereich für die mitgeführten oder angeworbenen Schanzgräber handelt, denn der Söldner des 16. Jahrhunderts hielt Erdarbeiten für unter seiner Würde, weswegen die Armeen dieser Zeit auf zusätzliche Arbeitskräfte angewiesen waren.

Eigene Sanitärbereiche sind auf diesen Darstellungen nicht zu erkennen, dafür werden immer wieder Soldaten dargestellt, die sich unmittelbar außerhalb der Wagenburg erleichtern. Anscheinend war es verboten, dies im Lager zu tun, dennoch dürften die fehlenden Latrinen erheblich zur Steigerung der Seuchengefahr in festen Lagern beigetragen haben.

Amman zeigt in seinem Stich auch einen Galgen im Zentrum des Lagers, welches anscheinend auch als zentraler Versammlungsplatz für Kriegsgerichtsversammlungen genutzt wurde.

Taktik

Im Schmalkaldischen Krieg kam es überhaupt nur zu zwei größeren Schlachten, bei Mühlberg und bei Drakenburg. Zwar wurde Mühlberg sogar zur Entscheidungsschlacht des gesamten Krieges, allerdings ist dieses Gefecht nicht typisch für die Landsknechtsära, da es sich hierbei überwiegend um Kämpfe zwischen Kavallerie handelte.

Obwohl die Landsknechte des 16. Jahrhunderts professionelle Berufskrieger waren, existierte noch keine Reglementierung im Bereich der Taktik. Ein einheitliches Exerzieren der Infanterie und Kavallerie, Formationsübungen oder auch feste Marschformationen hatten sich noch nicht etabliert.

Als Grundformation hatte auch das deutsche Fußvolk dieser Zeit den Gewalthaufen nach Schweizer Vorbild übernommen.[102] Dieser konnte durchaus mehrere Tausend Mann umfassen. In der Mitte des 16. Jahrhunderts wurde ein wachsender Anteil an Feuerwaffenträgern in diese Formation integriert. Sie sollten mit ihrem Feuer Lücken in den gegnerischen Haufen reisen, aber vor allem die gegnerische Moral erschüttern. Bei feindlichen Angriffen zogen sie sich ins Innere des Haufens zurück und wurden nun ihrerseits durch die Pikeniere geschützt. Die großen Schlachten der 1520er Jahre, namentlich bei La Bicocca (1522) und Pavia (1525), hatten die Verwundbarkeit der dichten Pikenierhaufen gegenüber dem Massenfeuer von Handfeuerwaffen erstmals aufgezeigt.[103]

Da eine solche Kombination den Haufen auch sehr schwerfällig machte, wurden Angriffe zunächst nur durch einen Teil der Pikeniere vorgetragen. Aufgrund der hohen Ausfallquoten bei einem solchen Angriff wurde dieser Trupp als „Verlorener Haufen" bezeichnet. Meist machte er zehn bis zwanzig Prozent des Haufens aus. Er rekrutierte sich aus Freiwilligen, Verurteilten oder Männern, die durch das Los bestimmt worden waren. Die schwer zu händelnden Piken wurden bei einem solchen Sturm abgelegt und stattdessen die wuchtigen Bidenhänder genutzt, mit denen vor allem gegnerische Piken zerstört werden konnten, oder der kurze Katzbalger, der im Nahkampf einfacher zu handhaben war.[104]

Dieser „Schockwelle" folgte die Hauptmacht unter dem Hauptmann des Haufens. Auch hier wurden die Bidenhänderkämpfer (bei den Spaniern die Rondatschiere) und die am besten gepanzerten Pikeniere nach vorn gestellt. Da diese Kämpfer der größten Gefahr zu fallen unterlagen, erhielten sie doppelten Sold. Beim Aufeinanderprallen mit den gegnerischen Truppen sollten die Klingenwaffenträger dann versuchen, Gassen in die gegnerische Formation zu hauen, um diese schließlich zu sprengen.[105]

Die Geschütze konnten aufgrund ihres hohen Gewichts solche Angriffe nicht unterstützen. Sie wurde daher an erhöhten Positionen in einer großen Batterie aufgefahren. Fanden ihre Kugeln ihr Ziel, so konnten sie durchaus enormen Schaden in den tiefgegliederten Haufen anrichten. Allerdings waren die Geschütze sehr unpräzise und ihr Wert wohl vor allem moralischer Natur.[106]

Fahnenschwingender Landsknecht vor einer Stadt, die zum Teil in Ruinen ist.
Kupferstich von Virgil Solis, zwischen 1540 und 1560

102 Vgl.: Miller/Richards: Landsknechte, S. 69.
103 Vgl.: Tallett: War and Society, S. 21–25.
104 Vgl.: Miller/Richards: Landsknechte, S. 69–70.
105 Vgl.: Ebd., S. 72.
106 Vgl.: Tallett: War and Society, S. 32–35.

Festungswesen

Das Aufkommen schwerer Artillerie hatte dazu geführt, dass mittelalterliche Stadtbefestigungen im 16. Jahrhundert keinen ausreichenden Schutz mehr boten. Festungsingenieure reagierten auf diese neue Bedrohung auf unterschiedliche Weise. Im Mittelmeerraum entstand bereits im ausgehenden 15. Jahrhundert das Bastionärsystem. Nördlich der Alpen vertrauten Architekten dagegen vor allem auf massive Artillerietürme und die Sicherung mittelalterlicher Mauern durch das Aufschütten hoher Wälle. Stiche aus der Zeit, etwa von der Belagerung Magdeburgs, Wittenbergs oder später auch Gothas, zeigen die enorme Höhe dieser Anlagen.

Moritz von Sachsen war hingegen einer der Ersten, der seine Festungen durch Bastionen modernisieren ließ, die er vermutlich in den Niederlanden kennengelernt hatte. Bereits 1541, im Jahr seines Regierungsantrittes, hatte er den Baumeister Caspar Vogt von Wierandt in seine Dienste genommen. Dieser begleitete ihn von 1542 bis 1544 auf einem Feldzug in die Niederlande, wo er vermutlich die modernen, ursprünglich in Italien entwickelten und nun in Antwerpen angewendeten polygonalen Bastionärbefestigungssysteme studieren konnte. 1545 begann Wierandt dann mit der Erneuerung der Dresdner Stadtbefestigungen. Moritz plante, seine Haupt- und Residenzstadt zu einer modernen Festung auszubauen. Wierandts Entwurf sah eine Umwallung mit acht Bastionen auf der linken Elbseite vor, bezog aber auch das rechtsseitige Altendresden (die heutige Neustadt) in das Verteidigungskonzept mit ein. Allerdings wurden die Arbeiten hier während des Schmalkaldischen Krieges aus Kostengründen eingestellt und der Fokus auf die Fertigstellung der Anlagen auf dem Ostufer gelegt. 1552 legte Moritz schließlich die Armierung der acht Bastionen mit insgesamt 76 Geschützen fest. Der Wall, an dessen Unterhalt sich auch die Stadt Dresden selbst beteiligte, wurde erst nach Moritz´ Tod fertiggestellt.[107]

Auch in Leipzig plante Moritz 1545 die Erweiterung der Stadtbefestigungen, die seinerzeit noch aus der alten Burg im Südwesten der Stadt und einer mittelalterlichen Mauer bestanden. Diese sollten durch drei an den Ecken der Stadt zu errichtende Bastionen sowie ein neues befestigtes Haus im Norden der Stadt ergänzt werden. Bis zum Schmalkaldischen Krieg wurden diese Pläne nur teilweise umgesetzt. Grund hierfür war vor allem der Widerstand seitens des Leipziger Rats, der sich dagegen sträubte, die Hälfte der auf 145.000 Gulden veranschlagten Kosten zu tragen.[108]

Die Breschen, die der Beschuss der kurfürstlichen Geschütze im Januar 1547 in die Mauern der Stadt gerissen hatte, wurden zunächst notdürftig mit dem Holz und den Faschinen gestopft, die durch das Abtragen der Schanzen der Belagerer gewonnen wurden. Unter dem Eindruck der Belagerung plante Moritz schließlich den Ausbau der Stadt zu einer bastionären Festung, ähnlich wie in Dresden. Doch erneut legte der Stadtrat Protest ein, denn diese Pläne würden bedeuten, dass ein Großteil der Vorstädte abgebrochen werden musste. Der Kurfürst lenkte schließlich ein, auch weil die Finanzen des Landes nur zum Ausbau der Festung Dresdens ausreichten. Stattdessen wurde auf das Vorkriegskonzept zurückgegriffen. Das zerstörte Stadtschloss wurde als vergrößerte dreieckige Festung fast an gleicher Stelle wieder errichtet und ebenso die drei Bastionen an der südöstlichen, nordöstlichen und nordwestlichen Ecke der Stadt.[109]

Beide Städte verdeutlichen die Probleme frühneuzeitlicher Wehrtechnik in der Mitte des 15. Jahrhunderts, insbesondere, wenn landesherrliche und städtische Interessen aufeinander prallten. Auch in anderen Städten des Reiches entstanden zu dieser Zeit moderne bastionäre Verteidigungsanlagen. In Nürnberg errichtete der italienische Architekt Antonio Fazuni zwischen 1537 und 1545 die Sternenbastei.[110] Doch die einzige vollständig nach dem italienischen Prinzip entworfene Stadtfestung ließ Herzog Wilhelm IV. von Bayern in Ingolstadt errichten, wo 1545 Reinhard Graf zu Solms als Baumeister die ersten Pläne umsetzte. In Jülich und Spandau wurden 1549/50 außerdem erste Zitadellen nach italienischer Manier erbaut. Der Großteil der deutschen Städte war allerdings entweder durch veraltete Mauern oder notdürftig aufgeschüttete Erdwälle und Artillerietürme gesichert.

Belagerungen

Mehr als durch Schlachten wurde der Schmalkaldische Krieg durch die Belagerung großer Städte und Festungen geprägt. Keine dieser großangelegten Operationen, weder die Belagerung von Ingolstadt durch die Bundestruppen 1546, noch die von Leipzig durch Kurfürst Johann Friedrich im Winter 1547 oder die von Bremen durch das kiserliche Heer unter Herzog Erich II. von Braunschweig-Calenberg, ebenso wenig im Nachklang des Krieges die Belagerung Magdeburgs 1550/51 durch Kurfürst Moritz von Sachsen waren von Erfolg gekrönt. Diese recht eindeutige Bilanz lässt die Frage aufkommen, ob die damalige Artillerie der Belagerer zu schwach oder die Mauern der Städte und Festungen zu stark für solche Operationen gewesen sind?

Letzteres lässt sich relativ schnell verneinen, denn moderne Bastionärbefestigungen, wie es sie bereits in Italien und den Niederlanden gab, waren nördlich der Alpen und östlich des Rheins kaum bekannt.

Tatsächlich mangelte es den meisten Belagerungsarmeen an dem für ein solches Unterfangen nötigen Geschützmaterial. Christoph von Wrisbergs kaiserliche Armee wagte sich im Februar 1547 nicht an die veralteten Stadtmauern Bremens heran, weil sie über keinerlei schwere Geschütze verfügte.[111] Bis Mitte März hatte der Oberst genügend schwere Kanonen versammelt, aber es mangelte ihm an Soldaten, um die Stadt vollständig einzuschließen, wie er in einem Brief an Kaiser Karl V. zugab: *„Aber weil der Bischof von Münster seine Verpflichtung nicht hält, die Wege zu sperren, wie er versprochen hatte, und vorzüglich an der Seite nach Delmenhorst, wo die Einwohner der besagten Stadt Ein= und Ausgang erlangen können, und uns dadurch großen Schaden thun: so haben wir*

107 Vgl.: Papke: Der Ausbau der Festung Dresden, S. 45–49.

108 Vgl.: Stern: Leipzig, S. 81–82.

109 Vgl.: Ebd., S. 97.

110 Zu Fazuni und seinem Werk: Neubauer: Der Bau der großen Bastei.

111 Vgl.: Kohlmann: Kriegesmuth und Siegesfreude, S. 27.

nur wenig Leute, um sie gut zu belagern.“[112] Auch für die Belagerung Wittenbergs konnten nicht ausreichend schwere Geschütze zur Verfügung gestellt werden,[113] obwohl Moritz von Sachsen diese nur von Dresden aus die Elbe hinabschaffen müssen. Flüsse waren für diese Transporte die besten Transportwege, da Kanonen auf Kähnen einfacher transportiert werden konnten, als mit Pferdegespannen über hügelige Landwege.

Landsknechte erwiesen sich immer wieder als unwillig, sich an den für Belagerungen notwendigen Schanzarbeiten zu beteiligen. Für die Belagerung Magdeburgs 1550 musste Kurfürst Moritz von Sachsen 1.000 Schanzgräber vom Herzog von Lüneburg erbitten.[114] Drei Jahre zuvor, während der Belagerung Wittenbergs, versprach der Wettiner dem Kaiser, selbst mehrere Tausend Schanzgräber in seinen albertinischen Stammlanden auszuheben, konnte aber nur einige Hundert beschaffen.[115]

Betrachtet man die großen Belagerungen des Schmalkaldischen Krieges und der Folgejahre bis zum Fürstenaufstand, so muss letztlich festgehalten werden, dass ihr Verlauf viel zu unterschiedlich gewesen ist, als dass eindeutige Aussagen über die Qualität von Befestigungen und Belagerungstechniken getroffen werden können. Bei Ingolstadt stand das Bundesheer den gesamten Truppen des Kaisers in verschanzten Stellungen gegenüber und nicht nur einer kleinen Festungsgarnison. Bei Bremen waren die katholischen Truppen tatsächlich zu schwach, um die Stadt vollständig einkreisen und von der Außenwelt abschneiden zu können. Vor Magdeburg gelang es Moritz von Sachsen 1550/51 zwar, durch befestigte Schiffsbrücken, Blockhäuser, Schanzen und umwallte Gräben die Stadt einzuschließen, allerdings hatte er kein ernsthaftes Interesse, die Stadt zu stürmen, sondern versuchte durch Verhandlungen einen für ihn günstigen Abschluss zu erzielen.

Medizinwesen

Auf dem Feld der Chirurgie hatte das europäische Medizinwesen um 1500 bedeutende Fortschritte gemacht. Durch den Buchdruck wurden Abhandlungen über die Behandlungen schwerer Wunden, insbesondere für den Feldverbrauch, weitverbreitet. 1517 erschien Hans von Gersdorffs „Feldtbuch der Wundartzney“, welches in etlichen Auflagen gedruckt wurde. Schon ein Blick in das Inhaltsverzeichnis verrät, dass die Abhandlung nicht zuletzt für den militärischen Gebrauch gedacht gewesen ist: „Die yngeschlagenen Hyrnschal wider zu bringen“, „Cura und Heylung der abgeschnittenen Glieder“, „Ußzyehung des Geschosses“ und „Abgeschossen Glieder“ bilden die Themen einzelner Kapitel.[116] Auch die Illustrationen, die im Hintergrund meist kriegerische Handlungen oder Behandlungen von Landsknechten zeigen, verdeutlichen die Zielgruppe des Werkes. Gersdorff erklärt hierin, wie Knochenbrüche geschient oder Schussverletzungen behandelt werden sollen. Revolutionär ist vor allem sein Vorgehen bei Amputationen. Anstatt wie bisher durch den kräftigen Hieb mit einer Axt – ein enorm schmerzhaftes und oftmals nicht auf Anhieb erfolgreiches Verfahren – empfiehlt er den Gebrauch einer Amputationssäge. Vorher sollten zudem Haut und Muskelfleisch sorgfältig ein Stück über den Knochen gezogen werden, um mit ihrer Hilfe die Wunde besser verschließen zu können.[117] Dieses Verfahren wird im Wesentlichen auch heute noch bei Amputationen angewendet.

Narkotika wurden zu jener Zeit noch nicht verwendet. Mit etwas Glück wurde das Opfer mit Alkohol betäubt oder fiel irgendwann in Ohnmacht. Dagegen beschäftigen sich viele Darstellungen intensiv mit der Verhinderung von Wundbrand, der viele Landsknechte, die ihre unmittelbare Verwundung überlebt hatten, dahinraffte. Die Verwendung von Feuerwaffen führte zu einer sofortigen Wundverschmutzung, da an den Bleikugeln noch große Mengen Pulverschmauch haftete. Hieronymus Brunschwig empfahl bereits in seinem „Buch der Cirurgia – Handwirckung der Wundarznei“ von 1497, Schusswunden mithilfe von Seidenfäden von Pulverresten zu reinigen. Gersdorffs Abhandlung enthält einen umfangreichen Anhang zur Kräuterkunde,welche dabei helfen sollte, etlichen Infektionen vorzubeugen.[118]

112 Zit. nach: Ebd., S. 45.
113 Vgl.: Issleib: Die Wittenberger Kapitulation, S. 251.
114 Vgl.: Issleib: Magdeburgs Belagerung, S. 196.
115 Vgl.: Issleib: Die Wittenberger Kapitulation, S. 275.
116 Vgl.: Gersdorff: Feldtbuch der Wundartzney, S. III.
117 Vgl.: Ebd., S. LXXX-LXXXI.
118 Tallett: War and Society, S. 108–109.

Ein Gewalthaufen geht zum Angriff vor
Dichtgedrängte Pikenierattacken prägten die Taktik der Landsknechtära. Die hier dargestellten Söldner repräsentieren verschiedene Kleidungsstile vom frühen, bis zur Mitte des 16. Jahrhunderts. Im weiteren Verlauf nahm der Anteil der Schützen innerhalb von Landsknechtformationen immer weiter zu und schränkte somit die offensive Mobilität der Infanterie ein.

DER AUSBRUCH DES KRIEGES

Zwar konnte der Schmalkaldische Bund in den 1530er und frühen 1540er Jahren eine Reihe politischer Erfolge erzielen, die das Selbstbewusstsein der einzelnen Bundesmitglieder stärkten. Doch diese waren zu einem nicht unerheblichen Teil darauf zurückzuführen, dass Kaiser Karl V. zunächst außenpolitisch die Hände gebunden waren, denn im Osten und im Mittelmeer bekämpfte er die expandierenden Osmanen unter Sultan Süleiman dem Prächtigen, im Westen die Franzosen unter König Franz I. Die Bundesmitglieder täuschten sich daher in Bezug auf ihre eigene Stärke und die vermeintliche Schwäche Karls. 1544 gelang es dem Kaiser jedoch, diese außenpolitischen Konflikte vorerst zu einem Ende zu führen. Die Osmanen willigten in einen Waffenstillstand ein und Frankreich unterzeichnete den Frieden von Crépy. [119]

Obwohl der Kaiser somit militärisch freie Hand besaß, suchte er zunächst einen friedlichen Ausgleich mit den Protestanten. Doch die Protestanten zeigten sich aufgrund ihrer vorangegangenen Erfolge als wenig kompromissbereit. Papst Paul III. sagte Karl dagegen militärische Unterstützung zu. 12.000 Knechte und 500 Reiter wollte der Heilige Vater für einen viermonatigen Feldzug bereitstellen.[120]

Auf dem Wormser Reichstag 1545 zeigte sich der Kaiser nochmals verhandlungsbereit und forderte die Protestanten sogar dazu auf, an dem vom Papst angesetzten Trienter Konzil teilzunehmen. Als umsichtiger Politiker schöpfte der Kaiser jedoch alle Möglichkeiten aus und suchte gleichzeitig nach potenziellen Verbündeten.

Den Bundesfürsten blieben diese Sondierungen keinesfalls verborgen und so verschärfte sich die Situation weiter. Im Frühjahr des Folgejahres berief der Kaiser den Reichstag in Regensburg ein. Die gegenseitigen Vorbehalte waren jedoch zu diesem Zeitpunkt fast unüberbrückbar. Der Bund begann bereits mit der Aufstellung von Truppen, während der Kaiser sich bemühte, so viele Fürsten hinter sich zu vereinen wie möglich. Am 7. Juni 1546 unterzeichnete er ein neues Bündnis mit dem Papst und ein Abkommen mit Bayern. Herzog Wilhelm von Bayern wollte sich zwar keinesfalls in eine drohende Auseinandersetzung hineinziehen lassen und erklärte sich offiziell für neutral. Dennoch gestand er dem kaiserlichen Heer das Recht auf freien Durchzug zu und wollte den Truppen Karls Verpflegung und Munition bereitstellen. Für den Kaiser hatte auch ein neutrales Bayern großen Wert, sicherte es doch seine österreichischen Kernlande vor einem schnellen Zugriff der Bundestruppen. Daher machte er dem Herzog umfangreiche Zugeständnisse, versprach ihm territoriale Gewinne, eine dynastische Verbindung – Wilhelms ältester Sohn Albrecht sollte noch im selben Jahr die Tochter König Ferdinands heiraten – sowie eine, allerdings nur vage, Option auf die pfälzische Kurwürde.[121] Gerade dieses letzte Versprechen sollte langfristige politische Auswirkungen haben. Wilhelm wurde nicht Kurfürst, aber nach dem Ausbruch des Dreißigjährigen Krieges mehr als sechzig Jahre später sollte sein Nachfahre Maximilian unter Bezug auf das kaiserliche Versprechen von 1546 die Forderung nach der pfälzischen Kur erneuern.

Knapp zwei Wochen später, am 19. Juni 1546 konnte der Kaiser auch Moritz von Sachsen auf seine Seite ziehen. Der Herzog, dessen Ländereien strategisch bedeutsam waren, da sie an das Königreich Böhmen und an das Kurfürstentum Sachsen grenzten, verpflichtete sich vorerst ebenfalls zur Neutralität und erhielt im Gegenzug die Schutzherrschaft über das Erzbistum Magdeburg und das Bistum Halberstadt.[122] Dies war nicht wenig, denn Sachsen hatte seit dem 15. Jahrhundert großes Interesse an den Stiftsterritorien und mit Ernst von Wettin zur Jahrhundertwende bereits einen Magdeburger Erzbischof und Halberstädter Bischof gestellt. Außerdem nutzten beide Linien der Wettiner ihre Schutzherrschaft über geistliche Territorien – wie im Falle Meißens, Naumburgs und Merseburgs bereits zu sehen gewesen war – um ihren herrschaftlichen Zugriff auf sie zu verstärken und sukzessive ihrer eigenen Landesherrschaft zu unterwerfen.

Weitere protestantische Fürsten, die der Kaiser für sich gewinnen konnte, waren Markgraf Hans von Brandenburg-Küstrin, der junge Herzog Erich von Braunschweig-Calenberg-Göttingen, der im Folgejahr auch wieder zum Katholizismus übertrat, sowie Markgraf Albrecht Alcibiades von Brandenburg-Kulmbach, ein erfahrener Söldnerführer.

Die protestantischen Bundesfürsten verließen schließlich den Reichstag, ohne dass ein Ausgleich mit dem Kaiser hergestellt worden war. Beunruhigt über die kaiserlichen Kriegsvorbereitungen trafen sie im kursächsischen Ichtershausen zusammen und beratschlagten über das weitere gemeinsame Vorgehen. Dabei gelangte die Mehrheit der Mitglieder, darunter der sächsische Kurfürst und der hessische Landgraf, zu der Einsicht, dass das militärische Potenzial Karls dem des Bundes ohnehin bereits überlegen war und weiter zunehmen musste, wenn er noch mehr Fürsten auf seine Seite ziehen könnte. Die einzige Chance für den Bund bestand in einem schnellen Erstschlag. Johann Friedrich und Philipp glaubten, ihre Truppen eher mobilisieren zu können, als der Kaiser und mit diesen eine schnelle Entscheidung erzwingen zu können, bevor Karl Soldaten aus seinem weitläufigen Reich vereint haben würde.

Ein allgemeiner Aufstand sämtlicher Protestanten gegen die Habsburger, wie sie sich die Führung des Schmalkaldischen Bundes erhofft hatte, kam jedoch nicht zustande. Im Oktober 1546 forderte Johannes Budenhagen beispielsweise die Protestanten und Hussiten in Böhmen, den Lausitzen und Schleswig zur Unterstützung im Krieg gegen die Habsburger auf, allerdings hatten die böhmischen Stände Ferdinand I. bereits ein Landesaufgebot bewilligt. Durch seine zentrale Lage im Herzen Europas, seine Nähe zu Kursachsen sowie seine durch Gebirge gut gesicherten Grenzen war Böhmen für die kaiserliche Kriegsführung von außerordentlicher Bedeutung. Von hier aus sollten die eigenen Heere versorgt werden. Mehr als ein passiver Widerstand der protestantischen Bevölkerungsschicht gegen die kaiserlichen Kriegsbemühungen kam hier nicht zustande.

119 Kohler: Karl V., S. 239–294.

120 Ebd., S. 296.

121 Ebd., S. 298–301.

122 Vgl.: Herrmann: Moritz von Sachsen, S. 73–82.

So verweigerten viele Kreishauptleute die Aufstellung von Truppen, sollten diese außerhalb der eigenen Grenzen eingesetzt werden. Zu einem Aufstand gegen die königliche Herrschaft kam es allerdings nicht.[123]

Am 10. Juni 1546 erging an alle kaiserlichen Obristen ein Befehl zur Anwerbung von Knechten. Der Marchese von Marignano sollte in Füssen werben, Aliprando von Madruzzo in Nesselwang, Georg von Regensburg im Hochstift Eichstädt und Bernhard von Schaumburg in Riedlingen an der Donau.[124] Karl V. ernannte den Spanier Don Antonio Álvarez de Toledo y Beaumont, den 5. Herzog von Alba, zum Befehlshaber der kaiserlichen Streitkräfte. Alba war ein erfahrener Feldherr und hatte wenig Verständnis für das Vorgehen der Bundesfürsten, die er als Rebellen betrachtete. Daher riet er Karl, die Köpfe die Überbringer der Absagebriefe aufhängen zu lassen. Doch der Kaiser ließ Milde walten. Er wollte die Initiatoren des Krieges haftbar machen und nicht die Überbringer schlechter Nachrichten. Er schickte die Boten zu ihren jeweiligen Landesherren zurück, zusammen mit dem kaiserlichen Bann, den er offiziell über sie verhängen ließ.[125]

Der drohende Krieg führte nicht nur zur gegenseitigen Konkurrenz zwischen Protestanten und Katholiken auf dem Söldnermarkt. Schertlin von Burtenbach empfahl dem Augsburger Rat auch *„durch etlich geschickte personen kriegsleut ein meuterey"*[126] in den kaiserlichen Regimentern anzuzetteln.

Der Feldzug im Süden des Reiches

Die geopolitische Struktur des Reiches, dessen katholische Stände und insbesondere die habsburgischen Erblande auf die südlichen Gebiete beschränkt geblieben waren, machte es wahrscheinlich, dass hier die ersten, wenn nicht entscheidenden Kampfhandlungen stattfanden. Die süddeutschen Bundesmitglieder begannen daher im Frühsommer 1546 mit der Aufstellung eines Heeres. Als Befehlshaber konnten sie den erfahrenen Sebastian Schertlin von Burtenbach gewinnen, der an fast allen größeren bewaffneten Konflikten des frühen 16. Jahrhunderts beteiligt gewesen war. Er hatte in den Schlachten von Pavia und Novarra gekämpft und bei den Kämpfen des Deutschen Bauernkrieges 1525 ebenso mitgewirkt wie am berüchtigten Sacco di Roma 1527. Seit 1530 war Schertlin von Burtenbach Stadthauptmann von Augsburg und als diese Stadt sich dem Bund anschloss, entschied auch er sich für die Sache der Protestanten.

Die Aufstellung des Heeres bereitete keine größeren Schwierigkeiten. Anfang Juli verfügte der Bund im süddeutschen Raum über etwa 12.000 Soldaten, die auf baldige Verstärkung durch das etwa 16.000 Mann zählende sächsisch-hessische Heer zählten. Kaiser Karl hatte dagegen Schwierigkeiten, innerhalb kurzer Zeit eine adäquate Streitmacht zur Donau zu führen, vor allem, da die süddeutschen Rekrutierungsgebiete zunächst von den Protestanten leergefegt wurden. Der Kaiser vertraute im Gegensatz dazu auf die Überführung erfahrener Kontingente aus anderen Teilen seines gewaltigen Reiches. So wurden Truppen aus dem ungarischen Grenzgebiet abgezogen, während aus Süden ein Tercio der italienischen Armee über die Alpen heranmarschierte.

Bis diese Verbände an der Donau eingetroffen waren, genossen die Protestanten einen deutlichen Vorteil. Um weitere Truppenwerbungen Karls im Reich zu stören, beschloss Schertlin, nach Füssen zu ziehen. Von hier aus würde er nicht nur den oberdeutschen Raum bis zur Alpengrenze kontrollieren, sondern gleichzeitig die „Obere Straße", einen der wichtigsten Alpenpässe und möglichen Anmarschweg für Albas Truppen, sperren. Auf dem Marsch sollte Schertlins Leutnant Marcell Dietrich von Schankwitz den kaiserlichen Musterplatz Nesselwang besetzen, während der Feldhauptmann zwei Lager bei Burg und Roßhaupten auszuheben gedachte.[127]

Am 10. Juli 1546 rückten die Bundestruppen in Füssen ein. Der Kaiser zog sich mit etwa 1.000 Mann nach Regensburg zurück. Herzog Wilhelm von Bayern erklärte, wie erwartet, offiziell seine Neutralität. Schertlin hatte ursprünglich geplant, das kleine kaiserliche Heer zu verfolgen und somit auch die übrigen Alpenausgänge zu sperren. Doch der Bund fürchtete, dass ein Einfall in Bayern Herzog Wilhelm doch noch dazu bewegen würde, sich dem Kaiser anzuschließen und befahl seinem Heerführer, die bayerische Neutralität zu wahren.[128]

Kurfürst Johann Friedrich von Sachsen
Lucas Cranach d. Ä., 1531

Karl gewann damit wertvolle Zeit und konnte in Bayern neue Truppen anwerben. Am 20. Juli verhängte er die Reichsacht über Kurfürst Johann Friedrich von Sachsen

123 Vgl.: Pfaffenbichler: Die österreichischen Habsburger und der Protestantismus, S. 286.

124 Schütz: Der Donaufeldzug, S. 9.

125 Vgl.: Edelmayer: The Duke of Alba, S. 213.

126 Zit. Nach: Paulus: Sebastian Schertlin von Burtenbach im Schmalkaldischen Krieg, S. 53.

127 Vgl.: Paulus: Sebastian Schertlin von Burtenbach im Schmalkaldischen Krieg, S. 56.

128 Vgl.: Ebd., S. 56–57.

Kriegsrat der Schmalkaldischen Bundesfürsten während des süddeutschen Feldzugs
Holzschnitt aus dem „Kriegsbuch des Reinhart des Älteren, Graf zu Solms und Herr zu Müntzenberg" von 1549

und Landgraf Philipp von Hessen. Dass es sich dabei um einen kalkulierten Schachzug handelte, war offensichtlich, immerhin wurde das Urteil mit dem Vorgehen der beiden Bundesfürsten gegen Herzog Heinrich II. von Braunschweig im Vorjahr begründet. Karl spekulierte allerdings darauf, dass diese Demonstration seiner kaiserlichen Befugnisgewalt zumindest einige Bundesmitglieder davon abhalten würde, in den Krieg einzutreten.[129]

Schertlin unterbreitete derweil den süddeutschen Bundesmitgliedern seinen Plan, in Tirol einzufallen. Damit würde er sich in den Besitz der östlichen Alpenpässe bringen und den Kaiser von seinen italienischen Verstärkungen abschneiden. Über die Bedeutung der Alpenpässe existierten unterschiedliche Ansichten. Schertlin glaubte, mit der Besetzung einiger strategisch wichtiger Punkte, wie der Ehrenberger Klause, den Zuzug kaiserlicher Truppen aus Italien unterbinden zu können. Der herzoglich sächsische Rat Christoph von Carlowitz behauptete dagegen, 30.000 bis 40.000 Mann seien immer noch zu wenig, um sämtliche Passstraßen zwischen Salzburg und der Schweiz hinreichend sichern zu können. Dazu kam aus Schertlins Sicht ein weiteres Problem. Tirol gehörte zu den Territorien von Erzherzog Ferdinand, Karls Bruder, der sich vorerst ebenfalls neutral verhielt. Die Bundesfürsten blieben ihrer Linie treu, neutrale Fürsten nicht gegen sich aufzubringen und so verweigerten sie auch diesem Plan Schertlins ihre Zustimmung.[130]

Das Bundesheer zog nun nach Schwaben und plünderte eine Reihe katholischer Klöster des Augsburger Stiftes. Am 20. Juli vereinigten sie sich bei Günzburg mit einem württembergischen Kontingent unter Hans von Haideck.[131]

Von hier marschierte Schertlin nach Donauwörth, wo er auf die aus Norden herannahenden Truppen des sächsischen Kurfürsten und des hessischen Landgrafen traf. Zusammen verfügten sie über etwa 50.000 Landsknechte und 7.000 Reiter.[132] Aber auch der Kaiser hatte seine Truppen drastisch verstärkt und konnte dem Bund immerhin 30.000 Landsknechte und 5.000 Reiter entgegensetzen. Mit diesen lagerte er im Schutz der bayerischen Festung Ingolstadt und wartete das Eintreffen der Truppen aus Italien ab.

129 Vgl.: Schütz: Der Donaufeldzug, S. 23–25.

130 Vgl.: Paulus: Sebastian Schertlin von Burtenbach im Schmalkaldischen Krieg, S. 57–58.

131 Vgl.: Ebd., S. 60–61.

132 Vgl.: Ebd., S. 61.

Belagerung Ingolstadt
Stadtmuseum Ingolstadt

Die Bundesfürsten waren sich über das weitere Vorgehen uneins. Landgraf Philipp, der wusste, dass die Mittel zum Erhalt der Truppen schnell versiegen würden, Herzog Ulrich von Württemberg und Schertlin wollten eine Entscheidungsschlacht provozieren, indem sie auf die bayerische Residenzstadt München marschierten. Doch die Mehrheit der Hauptleute, der sächsische Kurfürst und die Vertreter der Städte Ulm und Straßburg hielten einen Angriff auf die kaiserlichen Stellungen für zu riskant. Sie planten über Neuburg an der Donau nach Regensburg und anschließend in das Hochstift Eichstädt und die nördlich der Donau gelegenen bayerischen Territorien einzufallen. Zusätzliche Konflikte entstanden über die Frage nach der generellen Ausrichtung des Krieges. Die beiden Bundeshauptleute Kurfürst Johann Friedrich und Landgraf Philipp sowie Schertlin von Burtenbach wollten den Kampf gegen alle Andersgläubigen führen und *„jenen das schwert dadurch sie uns und unser christlichen religion ausreutten wöllen, aus der hand nemmen."*[133] Die oberdeutschen Städte, allen voran Ulm und Straßburg, fürchteten jedoch, dass eine derartige Eskalation des Krieges nur zu größerer Entschlossenheit im katholischen Lager führen würde.

Auf die Nachricht, der Kaiser marschiere nach Ingolstadt, zog auch das Bundesheer der bayerischen Donaufestung entgegen. Die kaiserliche Armee hatte ein gut befestigtes Lager bezogen. Ingolstadt war erst kürzlich zu einer modernen Festung ausgebaut worden. Vor den mittelalterlichen Stadtmauern ließ der von Herzog Wilhelm V. angeworbene Militäringenieur Reinhard Graf zu Solms moderne Wallanlagen errichten, deren Ecken von Bastionen gesichert waren. Im Schutze dieser Festung und in seinem ebenfalls gut gesicherten Lager verweigerte Karl V. die Annahme einer Schlacht. Ob diese Verzögerungsstrategie auf den Kaiser selbst oder aber seinen obersten Feldhauptmann Alba zurückzuführen ist, lässt sich nicht abschließend erklären und ist zwischen den Biografen beider Männer umstritten.

133 Zit. nach.: Ebd., S. 64.

Fest steht jedoch, dass dieses Vorgehen sich als effizient erwies.[134] Die Kämpfe vor Ingolstadt waren von ständigen Scharmützeln geprägt, wobei insbesondere die kaiserlichen Truppen durch blitzartige Überfälle die Verbindungslinien der Schmalkaldener störten.[135]

Die Bundeshauptleute hatten bereits Probleme, ihre Truppen mit Brot zu versorgen. Auch konnten sich der hessische Landgraf und der sächsische Kurfürst nicht über das weitere Vorgehen einigen. Philipp sprach sich für einen Sturm auf Ingolstadt aus, Johann Friedrich war strikt dagegen und erhielt dabei Unterstützung durch Schertlin von Burtenbach, der die kaiserlichen Stellungen nach genauer Inspektion als zu stark einschätzte. Es blieb bei intensiven Artillerieduellen, bei denen die kaiserlichen Knechte Schmählieder sangen, um die Protestanten zum Angriff zu bewegen.[136] Die Intensität des Beschusses wird nicht zuletzt daran deutlich, dass die Kaiserlichen nach der Belagerung 568 von den Schmalkaldenern abgefeuerte Kanonenkugeln bargen.

Anscheinend hatten die Protestanten es in diesen Wochen auch verpasst, ausreichende Spähtrupps in die Umgebung auszusenden und so entging ihnen die Annäherung eines weiteren katholischen Heeres unter Graf Maximilian von Egmond. Dieser hatte bei Aachen 17.000 Mann versammelt und marschierte nun nach Bayern. Wäre es den Bundestruppen gelungen, diese Armee abzufangen und aufzureiben, hätten sie dem Kaiser einen schweren Schlag zugefügt. Doch so vereinigte sich Egmond ungehindert mit den Truppen Karls, der nun umgehend die Initiative an sich riss. Derweil nahm die Unzufriedenheit unter den Bundestruppen weiter zu. Schertlin von Burtenbach bat den Augsburger Rat, ihn mit seinen Truppen abzuziehen und schrieb später resigniert in seiner Vita: *„Aber ich hab darnach [nach der Belagerung Ingolstadts, Anm. A. Q.] zu disem krieg nimmer hertz gehapt, sondern wol gesehen, das kain ernst zu rechtgeschaffnem kriegen vorhanden war, und ist mir stund und weil dabei zu lang wordenn.“*[137]

Nun, da beide Heere in etwa gleich stark waren, zog Karl auf die Reichsstadt Nördlingen und belagerte sie. Die Bundestruppen folgten den Kaiserlichen und suchten ein weiteres Mal die Schlacht, die Karl verweigerte. Der Kaiser war sich darüber im Klaren, dass dem Schmalkaldischen Bund die Mittel fehlten, um seine Söldner lang genug bezahlen zu können.[138] Eine Schlacht stellte immer ein schwer zu kalkulierendes Risiko dar, insbesondere, da beide Heere gleich stark waren und die Protestanten mit Schertlin von Burtenbach über einen erfahrenen Feldhauptmann verfügten. Daher hoffte er darauf, den Krieg so lang hinauszögern zu können, bis dem Bund die Mittel zur Fortsetzung der Kämpfe ausgehen würden.

Doch dann schien das Kriegsglück eine neue Wendung zu nehmen. Nachdem die Bundestruppen vor Nördlingen aufmarschiert waren, zogen sich die Kaiserlichen nach Giengen an der Brenz zurück. Hier brachen plötzlich Seuchen in ihren Reihen aus und gefährdeten die Pläne des Kaisers. Allerdings machte das regnerische Herbstwetter auch dem Bundesheer zu schaffen.

Karl waren in der Zwischenzeit längst Berichte über die Uneinigkeit der einzelnen Bundesmitglieder zugekommen. Er versuchte, die Zwietracht zu verschärfen und befahl seinem Bruder Ferdinand, zusammen mit Herzog Moritz von Sachsen in Kursachsen einzufallen.

Als er seine Erbländer bedroht sah, wollte Johann Friedrich mit seinen Truppen unverzüglich nach Mitteldeutschland abmarschieren. Landgraf Philipp von Hessen durchschaute die Absichten des Kaisers und versuchte, den Kurfürsten davon zu überzeugen, dass es unbedingt notwendig war, erst in Süddeutschland einen Erfolg zu erringen, ehe man die Lage in Sachsen bereinigen konnte. Doch Johann Friedrich war für derlei Argumente nicht zugänglich und so trennten sich die beiden wichtigsten Bundesfürsten im Streit.

Durch den Abzug der Sachsen verkleinert, sah sich das verbliebene Bundesheer plötzlich einer zwar geschwächten, aber immer noch zahlenmäßig überlegenen kaiserlichen Armee gegenüber. Außerdem ging den Protestanten das Geld aus, weswegen sich die verbliebenen Fähnlein wenig später einfach auflösten. Karl hatte sein Ziel erreicht, die Macht des Bundes im Süden des Reiches zu brechen, ohne eine Schlacht zu schlagen. Ihm stand nach wie vor ein intaktes Heer zur Verfügung, mit dem er nun aktiv gegen die protestantischen süddeutschen Reichsstände vorgehen konnte.[139]

Bei der Besetzung der zum Schmalkaldischen Bund gehörenden Städte agierte vor allem der Herzog von Alba als Repräsentant des Kaisers. Als die kaiserliche Armee Neuburg an der Donau erreichte, war es der Spanier, der die bedingungslose Kapitulation der Stadt forderte und diese anschließend mit zwei Kompanien deutscher Knechte besetzen ließ. Karl hielt sich bewusst im Hintergrund, womit der Eindruck entstand, dass es Alba war, der die unpopulären und harten Maßnahmen ergriff.[140]

Die beiden bedeutendsten protestantischen Fürsten in diesem Raum waren Herzog Ulrich von Württemberg und Kurfürst Friedrich von der Pfalz. Ulrich war bereits 1516 durch Kaiser Maximilian mit der Acht und Aberacht des Reiches belegt und drei Jahre später durch ein Heer des Schwäbischen Bundes von seinem Herzogtum vertrieben worden, nachdem er versucht hatte, sich in den Besitz der Reichsstadt Reutlingen zu bringen. 1534 gelang ihm mithilfe Landgraf Philipps die Rückkehr. Er führte die Reformation in seinem Land ein. Zur Absicherung seiner Herrschaft ließ er die alten Burgen Hohentwiel, Hohenasperg und Hohenneuffen sowie die Stadt Schorndorf zu Festungen ausbauen. Friedrich von der Pfalz hatte erst 1544 den Kurhut erlangt und ebenfalls die Reformation in seinem Land eingeführt, wofür Karl V. ihn ächten ließ. Jetzt fiel die kaiserliche Armee unter Alba in Württemberg ein und plünderte eine Reihe von Städten.[141]

Obwohl insbesondere Ulrich im Laufe seiner Herrschaft immer wieder die Bereitschaft zu einer aggressiven Gestaltung seiner Außenpolitik gezeigt hatte, unterwarfen

134 Vgl.: Edelmayer: The Duke of Alba, S. 213.

135 Vgl.: Paulus: Sebastian Schertlin von Burtenbach im Schmalkaldischen Krieg, S. 65.

136 Vgl.: Ebd., S. 66–67.

137 Zit.: Ebd., S. 68.

138 Vgl.: Schütz: Der Donaufeldzug, S. 55–64.

139 Vgl.: Schütz: Der Donaufeldzug, S. 70–76.

140 Vgl.: Edelmayer: The Duke of Alba, S. 213–214.

141 Vgl.: Ebd.,, S. 214.

er und Friedrich sich den Forderungen Karls V. bedingungslos. Wieder waren es Alba und seine „spanischen" Truppen (in denen mehr Deutsche und Italiener, als Spanier dienten), die den Unmut der Bevölkerung auf sich zogen, während der Kaiser als milder Friedensstifter in Erscheinung treten konnte.[142]

Friedrich kam vergleichsweise glimpflich davon. Er durfte seinen Kurhut behalten und seine Ländereien wurden nicht der Gegenreformation unterworfen. Ulrich war dagegen gezwungen, 1548 das Augsburger Interim zu unterzeichnen und eine kaiserliche Garnison in seinem Herzogtum zu dulden. Beide Fürsten mussten hohe Kontributionen entrichten, die der Kaiser dringend zur Finanzierung seiner Truppen benötigte.[143]

Die kleineren Bundesmitglieder bestrafte Karl V. dagegen wesentlich härter. Auch sie wurden zur Zahlung von Kontributionen verpflichtet, während ihre Gesandten schwere Demütigungen über sich ergehen lassen mussten. Die Abgeordneten der Stadt Ulm ließ der Kaiser beispielsweise eine halbe Stunde lang vor sich knien und um Vergebung betteln.[144]

Der letzte Hort des Widerstandes im Süden des Reiches bildete die Stadt Konstanz am Bodensee. Die Reichsstadt bemühte sich zu Beginn des 15. Jahrhundert um eine Aufnahme in die Eidgenossenschaft, die ihr aber verweigert wurde. Die Stadt, die sich frühzeitig der reformatorischen Bewegung anschloss, trat daher zunächst dem Schwäbischen Bund bei und gehörte später zu den Gründungsmitgliedern des Schmalkaldischen Bundes. Da Konstanz zugleich Metropolitanstadt eines Bistums war, siedelten die katholisch gebliebenen Bischöfe ins nahe gelegene Meersburg um. Auch nach der Unterwerfung der meisten süddeutschen Bundesmitglieder versuchte Konstanz, mit dem Kaiser weiterhin über seine reichsunmittelbare Stellung und das Recht freier Religionsausübung für seine Bürger zu verhandeln. Erst nach dem eigentlichen Ende des Schmalkaldischen Krieges, am 6. August 1548, verhängte Karl die Reichsacht über die Stadt. Spanische Truppen marschierten auf Konstanz, wurden aber an der Rheinbrücke bei Petershausen gestoppt. Doch lange konnten sich die Bürger gegen die kaiserliche Übermacht nicht halten. Am 13. September 1548 kapitulierte Konstanz. Karl entzog ihr den Status einer Freien Stadt und schenkte sie seinem Bruder Ferdinand. Konstanz wurde der Gegenreformation unterworfen und gehörte fortan zu Vorderösterreich.

Die Belagerung von Leipzig

Johann Friedrich war derweil über den Thüringer Wald gezogen und hatte Halle besetzt. Nach der Einnahme der Stadt wandte sich Johann Friedrich gegen das herzogliche Sachsen. Die strategisch wichtige Stadt Leipzig, die nur einen Tagesmarsch von Halle entfernt lag, war auf diesen Angriff nicht ausreichend vorbereitet. Zwar hatte Herzog Moritz bereits 1545 Pläne zur Erneuerung der Stadtbefestigungen erstellt, diese waren jedoch bisher nur teilweise umgesetzt worden. Moritz ließ die meisten Brücken über Elster, Pleiße und Parthe abbrechen, die Stadttore mit Schutt verfüllen und so zu behelfsmäßigen Bastionen umrüsten und die Häuser der Vorstädte größtenteils abtragen. Die Vorratskammern der Stadt waren gut gefüllt, sodass Aussicht bestand, einer längeren Belagerung standhalten zu können. Die Besatzung bestand aus etwa zehn Fähnlein Fußvolk (3.000 Mann) und 60 bis 70 Reisigen, die unter dem Befehl Bastians von Wallwitz am 29. Dezember 1546 aus Naumburg eingetroffen waren.[145]

Moritz hingegen verließ die Messestadt am 5. Januar 1547 mit 2.000 Reitern in Richtung Grimma, vielleicht um Johann Friedrich keinen zusätzlichen Anreiz zu geben, die Stadt zu stürmen. Einen Tag nach der Abreise des Herzogs musste der Rat Oberst Wallwitz die Stadtschlüssel übergeben. Es war von da an verboten, die Kirchglocken zu läuten, um etwaigen Meuterern keine Signale zu geben. Zur Abschreckung der Ungehorsamen wurde auf dem Marktplatz ein Galgen errichtet.[146]

Johann Friedrich ließ sich mit dem Marsch auf Leipzig mehrere Tage Zeit, was ihm später als Fehler angerechnet wurde. Am 6. Januar erschien er mit etwa 5.000 Mann vor den Toren der Stadt. Würde er sie erobern können, hätte er die Leipziger Tieflandsbucht fest in seinem Besitz. Die Winterquartiere seiner Soldaten wären in Halle und Leipzig gesichert. Außerdem war die Messestadt ein zentraler Verkehrsknotenpunkt, von dem aus sich schnell Truppen nach Wittenberg, Torgau, Dresden, oder an den Thüringer Wald verschieben ließen. Die Einnahme Leipzig brächte also enorme strategische Vorteile.[147]

Die kurfürstliche Armee bezog in den Dörfern im Süden und Osten der Stadt ihre Quartiere. Am gleichen Tag ließ Johann Friedrich die Stadt zur Übergabe auffordern, was jedoch rundweg abgelehnt wurde. Es kam zu einer Reihe kleinerer Scharmützel. In der Nacht vom 12. auf den 13. Januar begannen die Belagerer mit der Errichtung von acht Schanzen, die auch als Batteriestellungen dienen sollten. Später wurden noch zwei weitere angelegt. Am 13. Januar eröffneten die schweren Geschütze das Feuer, das sich vor allem auf das Schloss und den etwas weiter östlich gelegenen Henkersturm richtete. An dieser Stelle hofften die Stückführer des Kurfürsten, eine Bresche schlagen zu können. Zeitweise wurde die Stadt aus 45 schweren Kanonen beschossen. Am 16. Januar gingen jedoch die Pulvervorräte zur Neige, sodass der Beschuss in den folgenden Tagen merklich zurückging

142 Vgl.: Ebd., S. 214.
143 Vgl.: Kohler: Karl V., S. 314.
144 Vgl.: Ebd., S. 314.
145 Vgl.: Stern: Leipzig, S. 81–83.
146 Vgl.: Ebd., S. 83–84.
147 Vgl.: Ebd., S. 84–85.

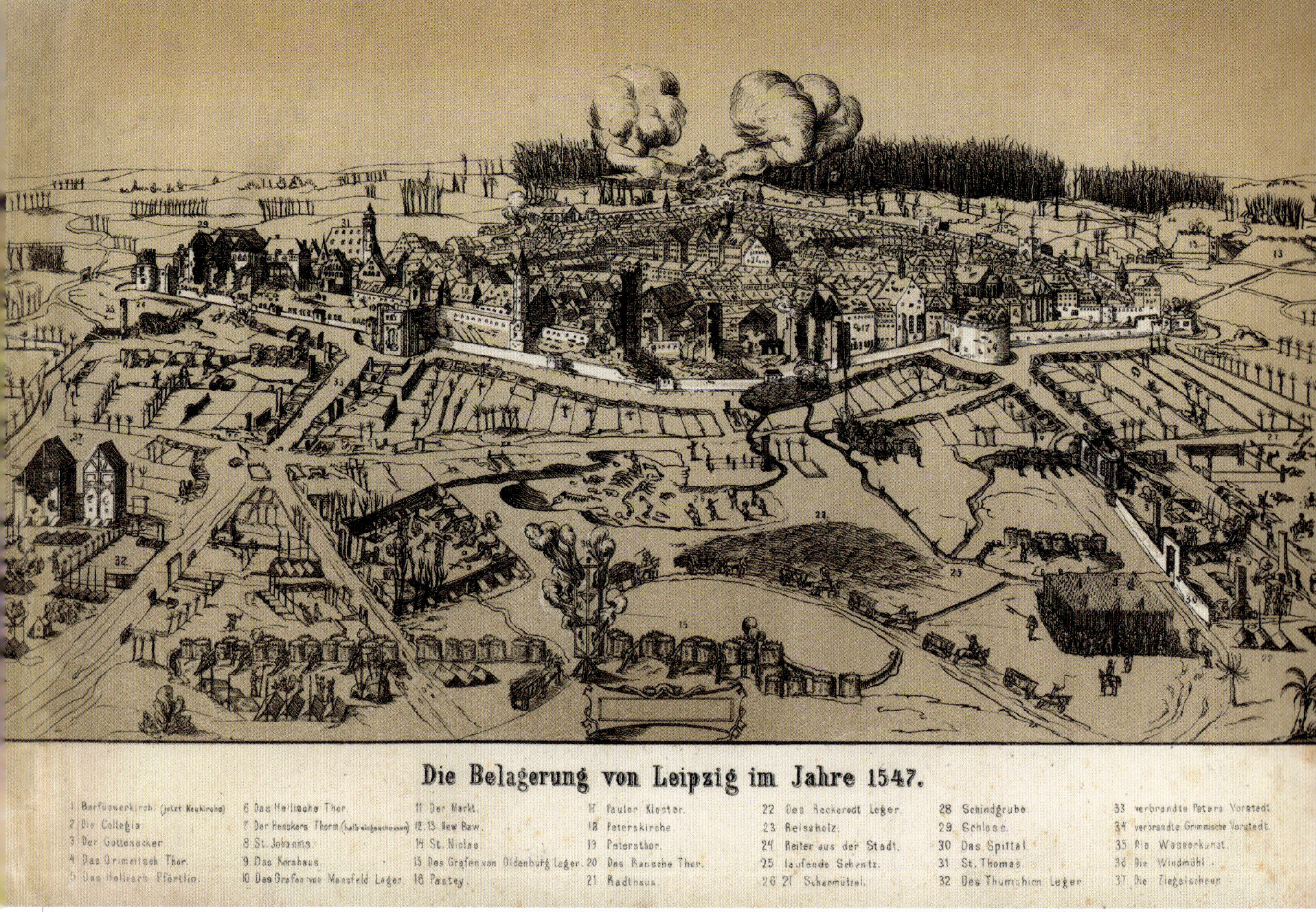

Die Belagerung von Leipzig im Jahre 1547
Lithographie mit Tonplatte, um 1847 (?), nach zeitgenössischem Holzschnitt.
Berlin, Sammlung Archiv für Kunst und Geschichte, AKG-Images

und erst am 21. Januar wieder mit voller Intensität einsetzte. Nun wurden auch Brandbomben aus schweren Mörsern auf die Stadt abgefeuert.[148]

Die Beschießung richtete schwere Zerstörungen an. Aber durch den kontrollierten Abriss des Henkersturms und des Peterstores gelang es den Verteidigern, die Breschen notdürftig zu schließen. Mehrfach versuchten die Belagerer, einen Sturm auf die Stadt vorzubereiten und füllten die Gräben mit Reisig. Doch diese wurden jedes Mal über Nacht von der Stadt aus in Brand gesetzt. Die Stückmeister verlegten ihre Aufmerksamkeit in der Folgezeit auf das Paulinerkloster im Osten Leipzigs. Dieses konnte zwar in Brand geschossen werden, doch als das Dach einstürzte, erstickte es die Flammen.[149]

148 Vgl.: Ebd., S. 90–91.

149 Vgl.: Ebd., S. 95.

Johann Friedrich verlor bald darauf die Geduld. Die Angriffsversuche waren bisher allesamt gescheitert. Seuchen grassierten in seinem Heer und rafften täglich 40 bis 60 Söldner dahin. Um die Übrigen zu bezahlen, fehlte das Geld. Außerdem vermehrten sich die Nachrichten, demzufolge ein kaiserliches Heer sich aus Süddeutschland näherte. Daher brach der Kurfürst die Belagerung am 27. Januar ab und zog sich nach Altenburg zurück, was er damit begründete, dass er diese Stadt vor einem Angriff durch Moritz schützen wollte. Wie viele Opfer die Belagerung unter der Leipziger Garnison und Bevölkerung gekostet hat, ist nicht sicher überliefert. Die Angaben schwanken zwischen 100 und 1.000 Menschen.[150]

150 Vgl.: Ebd., S. 92.

ENTSCHEIDUNG BEI MÜHLBERG

Im Januar 1547 kehrte der Herzog von Alba mit seinen Truppen aus Württemberg zurück. Er vereinte sich mit dem Heer des Kaisers und bereitete den Feldzug nach Sachsen vor. Ende Februar marschierte er mit einem spanischen Tercio von 2.700 Mann nach Norden und erreichte im März Nürnberg. In der Stadt kam es zu heftigen Ausschreitungen, da die Bürger die Einquartierung der Truppen verweigerten. Möglicherweise spielten konfessionelle Ressentiments zwischen den protestantischen Nürnbergern und den katholischen Spaniern, von denen drei getötet und mehrere weitere verwundet wurden, eine Rolle. Alba nahm auf derartige Befindlichkeiten jedoch keine Rücksicht und beließ seine Truppen in der Stadt.[151]

Am 5. April 1547 trafen sich Karl V. und Herzog Moritz im böhmischen Eger, um das weitere militärische Vorgehen abzusprechen. Zwei Tage später ließ der Kaiser ein Mandat publizieren, in welchen er allen Fürsten, Prälaten, Grafen, Freien, Herren, Rittern und übrigen Untertanen – insbesondere den kursächsischen – unter Androhung schwerer Strafen jegliche Unterstützung für Johann Friedrich untersagte.[152]

Diesem war am 2. März beim sächsischen Rochlitz ein kleiner Erfolg gelungen, als er die Truppen des Markgrafen Albrecht Alcibiades überraschen konnte. Der Markgraf geriet in Gefangenschaft, aus der er erst nach dem Ende des Schmalkaldischen Krieges entlassen wurde. Da Karl dem Markgrafen den vereinbarten Unterhalt für sein Heer nicht auszahlte, schlug sich Albrecht später auf die Seite seiner Gegner.[153]

Am 11. April marschierten Moritz mit den sächsischen und der Herzog von Alba mit den spanischen Truppen über das Erzgebirge. Karl folgte ihnen zwei Tage später mit den kaiserlichen Reitern und Fußknechten. Das Heer rückte zunächst ins Vogtland ein. Moritz besetzte am 16. April Glauchau, von wo aus er der herzoglichen Garnison in Leipzig den Befehl erteilte, sich ihm anzuschließen. Zwei Tage später erreichte das Heer die Burg Gnandstein und war damit nur noch etwas mehr als 60 Kilometer oder zwei stramme Tagesmärsche vom kursächsischen Lager in Meißen entfernt.[154]

Doch die Verbündeten hatten keine Eile. Sie überschritten bei Rochlitz die Mulde und erreichten am 22. April Jahna. Herzog Moritz rückte einen Tag später in Lommatzsch ein. Kundschafter überbrachten die Nachricht, dass Johann Friedrich sein Lager bei Meißen inzwischen verlassen hatte und nach Norden marschierte. Karl und Moritz beschlossen nun, ihren Fußknechten eine kurze Rast zu gönnen und dem kursächsischen Heer anschließend auf dem westlichen Elbufer zu folgen.[155]

Die Lage des Kurfürsten war durchaus prekär. Die Besetzung des Herzogtums Sachsen hatte sein Heer geschwächt, da er in etlichen Städten Garnisonen zurücklassen musste. Außerdem gelang es ihm nicht, sich mit dem Heer Wilhelms von Thumbshirn wieder zu vereinen. Dem Kurfürsten standen daher vorerst nur 1.000 Berittene und 6.000 Fußknechte zur Verfügung. Seine Gegner verfügten dagegen über 5.500 bis 6.300 Reiter und mehr als 20.000 Mann Fußvolk. Johann Friedrich wollte sich daher nach Norden absetzen und weitere Truppen an sich ziehen. Ein Verharren in Meißen hätte dem Gegner nur die Möglichkeit geboten, ihn von seinem Kurfürstentum abzuschneiden.[156]

Das kaiserlich-sächsische Heer wurde von etwa 3.600 Reitern angeführt, unter denen sich Karl V., Herzog Moritz und sein Bruder August befanden. Ihnen folgte ein zweites Korps von 1.900 Reitern unter König Ferdinand I. und schließlich das Fußvolk.[157]

Das kurfürstliche Heer erreichte am 23. April 1547 das Elbstädtchen Mühlberg. Johann Friedrich ließ hier ein Lager anlegen und beschloss, den folgenden Sonntag als Ruhetag für seine erschöpften Soldaten zu nutzen. Dass sich seine Feinde schon im Anmarsch befanden, ahnte der Kurfürst zu diesem Zeitpunkt noch nicht.[158]

In den frühen Morgenstunden des 24. April 1547 war das kaiserlich-sächsische Heer von Jahna aufgebrochen. Kaiserliche Kavalleriespitzen drangen bis zur Elbe bei Mühlberg vor, wo sie von den kurfürstlichen Posten entdeckt wurden. Johann Friedrich ließ zwar seinerseits eine Patrouille aussenden, blieb aber sorglos und gedachte zunächst, den sonntäglichen Gottesdienst zelebrieren zu lassen.[159]

Doch die Andacht wurde bald durch heftiges Geschützfeuer gestört. Die Kaiserlichen hatten bereits Kanonen ans Flussufer heran gebracht und nahmen die Stadt und das kurfürstliche Lager unter Feuer. Bald darauf tauchten auch große Massen an Hakenbüchsenschützen auf der linken Elbseite auf und stimmten auf große Distanz in das Feuer mit ein. Der Kurfürst und seine Begleiter retteten sich hastig in den Schutz der Stadt. Dabei gab er eine strategisch günstige Position, den sogenannten kleinen Haag, einen kleinen Hügel, an den sich ein Damm anschloss, vorzeitig auf.[160]

Inzwischen versuchten die kursächsischen Söldner, die Schiffsbrücke abzubrechen, um ein Übersetzen der Kaiserlichen zu verhindern. Sie schnitten die am Ufer vertäuten Boote los und ließen sie treiben. Die im Fluss verankerten Brückenteile wurden in Brand gesetzt. Um den Verlust der Brücke zu verhindern, schwammen einige der spanischen Söldner nackt, nur mit ihrem Rapier zwischen den Zähnen, durch den Fluss. Die Kurfürstlichen auf dem rechten Flussufer schossen auf die Spanier, von denen mehrere getroffen wurden und ertranken. Ein Teil von ihnen gelangte jedoch zur Brücke und kämpfte die verbliebenen Posten nieder.[161]

Kurfürst Johann Friedrich bereitete derweil den schnellen Abmarsch seiner Truppen vor. Vielleicht befürchtete er, dass sein ihm zahlenmäßig weit überlegener Gegner eine Furt finden und so seine Stellungen bei Mühlberg umgehen könnte. Jedenfalls wollte er sich nicht zur Schlacht stellen, sondern befahl den Abmarsch seiner 21 Feldgeschütze. Auch den Tross ließ er unter dem

151 Vgl.: Edelmayer: The Duke of Alba, S. 214.

152 Vgl.: Kohler: Karl V., S. 304–307.

153 Vgl.: Voigt: Markgraf Albrecht Alcibiades, S. 136–147.

154 Vgl.: Held: 1547, S, 89; Herrmann: Moritz von Sachsen, S. 87–88.

155 Vgl.: Held: 1547, S. 89.

156 Vgl.: Ebd., S. 89.

157 Vgl.: Ebd., S. 89.

158 Vgl.: Ebd., S. 89.

159 Vgl.: Ebd., S. 89.

160 Vgl.: Ebd., S. 90–93.

161 Vgl.: Ebd., S. 93–94.

Schlacht bei Mühlberg
Kaiserliche Schützen haben das westliche Elbufer besetzt und nehmen die überraschten Sachsen im gegenüberliegenden Mühlberg unter Feuer.

Schutz der Hellebardiere und eines Teils seiner Reiterei in Marsch setzen. Nur ein kleiner Teil seines Heeres sollte in Mühlberg solange die Stellung halten, bis der Rückzug des Heeres in die Wege geleitet worden war. Allerdings waren die Truppen auf einen schnellen Aufbruch schlecht vorbereitet. Viele Söldner hatten sich bereits auf einen Ruhetag eingerichtet. Als der Kurfürst von seinem Lager in die Stadt einritt, sah er überall ungeordnet umherlaufende Soldaten. Einige waren sich der Gefahr wohl auch noch nicht bewusst. Wolf von Schönberg, der als kursächsischer Feldmarschall für Ordnung hätte sorgen müssen, war nirgends zu finden. Später stellte sich heraus, dass er sich am Oberschenkel verletzt hatte und an diesem Tag kaum ansprechbar war.[162]

Statt des Feldmarschalls bot sich der kurfürstliche Kämmerer, der militärisch völlig unerfahrene Hans von Ponickau an, die Führung zu übernehmen. Er befahl den Söldnern, sich kampf- und marschbereit zu machen und versuchte, den Rückzug nach Torgau zu organisieren. Allerdings konnte er keine ortskundigen Führer finden, die geeignete Wege durch die Lochauer Heide kannten. Daraus wird auch deutlich, dass die kursächsische Heeresführung auch vor Beginn der Schlacht noch keine Vorstellungen über den weiteren Rückzug nach Norden hatte.[163]

Trotz des großen Chaos und seiner fehlenden Erfahrung gelang es Ponickau in den folgenden Stunden, mehrere Marschgruppen zu organisieren. Die Spitze bildete der Proviantmeister mit den Proviantwagen, gefolgt von den Geschützen, einem Großteil der Fußknechte, dem Kurfürsten mit seinem Hofgefolge und schließlich der Reiterei. Nachdem er diese Truppen in Marsch gesetzt hatte, gab er den in Mühlberg verbliebenen Reitern und Hakenbüchsenschützen Befehl, den Feind noch eine Weile aufzuhalten und dann dem übrigen Heer zu folgen.[164]

Doch die Kaiserlichen drängten nun mit Macht über den Fluss. Das unpräzise Feuer der Hakenbüchsenschützen konnte die kaiserliche Kavallerie nicht daran hindern, die Elbe direkt bei Mühlberg zu überqueren. Womöglich hätte die kursächsische Artillerie ein wirkungsvolleres Abwehrfeuer aufrechterhalten können, aber der Kurfürst war nicht bereit, seine Kanonen zu opfern. Nur zwei kleine Geschütze waren in der Stadt verblieben. Nachdem die Kaiserlichen das andere Ufer gesichert hatten, gelang es ihnen in kurzer Zeit, die Schiffsbrücke wiederherzustellen.[165]

Eine zweite Abteilung fand eine günstige Furt. Diese wurde den Kaiserlichen durch den zwanzig Jahre alten Mühlberger Bürger Barthel Strauchmann gezeigt. Strauchmann war erzürnt auf die Kursächsischen, da Knechte Johann Friedrichs ihm Pferde geraubt hatten. Dadurch gelangten elbabwärts kaiserliche Kavallerie und sogar Teile des Trosses auf das andere Ufer.[166]

Zwischen 13 und 14 Uhr waren große Teile des Heeres auf das andere Flussufer übergesetzt. Die Kaiserlichen bereiteten nun die Verfolgung der fliehenden kursächsischen Armee vor. Herzog Moritz versuchte derweil, den Kurfürsten zur Kapitulation aufzufordern. Er versprach, sich in diesem Fall für ihn verwenden zu wollen. Als Boten nutzte er den landgräflich-hessischen Sekretär Heinrich Lersner, der beim kaiserlichen Heer über ein Friedensangebot Landgraf Philipps verhandelte.[167]

Johann Friedrich lehnte das Angebot zunächst ab. Er erklärte Lersner, dass sein Heer ja schon fast den Schutz der Lochauer Heide erreicht habe. Das Angebot seines Vetters schlug er aus, da dieser ja nur Kurfürst werden wolle.[168]

Tatsächlich ging der Rückzug der kursächsischen Armee nicht so schnell vonstatten, wie es möglich gewesen wäre. Hans von Ponickau hatte immer noch keine Wegführer gefunden. In seinem Schlachtbericht schildert der kurfürstliche Kämmerer, wie *„man wol zwo Meilen ungeferlich gezcogen gehabet, und Ein Ennge bey einem dorff vorfihl, do auch die Reutter ein ander fast umbrissen, und ein jeder der erst hindurch sein wolt."*[169] Als er sah, wie die verbündeten Truppen sich zur Verfolgung anschickten, ließ er einen Teil der Kavallerie wieder kehrtmachen, um den gegnerischen Vormarsch zu stoppen und die noch in Mühlberg verbliebenen Kanonen zu retten.[170]

Als die kursächsischen Truppen die Lochauer Wälder erreichten, steigerte sich das Chaos noch weiter, da die einzelnen Abteilungen Mühe hatten, gangbare Pfade durch das Unterholz zu finden. Ponickau berichtete später, wie er zusammen mit Herzog Ernst von Braunschweig und dem kurfürstlichen Sekretär ein kleines Gehölz durchritten und anschließend eine größere Lichtung vor der Lochauer Heide erreicht hatte. Hier stellten sie erschrocken fest, dass die vor ihnen abziehenden Truppen mit dem Kurfürsten *„ethwas ein zimliche ecke fur dem herzogen unnd ponickau gewest undd die Reither, alß gefolget anngefangenn Ethwas hefftigk zu drabenn."*[171] Die Fahnen rund um den Kämmerer versuchten nun also, mit Macht die entstandene Lücke zu schließen. Daraus entstand schließlich eine regelrechte Panik, der auch Ponickau nicht beikommen konnte, *„do hette nichts geholffenn."*[172]

Mit einbrechender Dunkelheit – etwa zwischen 18 und 19 Uhr – hatte das kursächsische Heer endlich den Rand der Lochauer Heide erreicht. Hier beschloss ein schnell einberufener Kriegsrat, die Reiterei anhalten und gegen die nachrückende kaiserlich-sächsische Reiterei vorgehen zu lassen, um dem Fußvolk, der Artillerie und dem Tross die dringend benötigte Zeit zu geben, den Schutz der Nacht und des Waldes zu suchen. Dort sollten die Schützen eine sichere Position beziehen und eventuell nachrückende Reiterei abwehren. Der kurfürstliche Jägermeister Wolf Goldacker erbot sich, Johann Friedrich in Sicherheit zu bringen. Tatsächlich konnte Ponickau einen Teil der Reiterei sammeln, *„aber gleichwoll mit seher weit gerithen do haben die fende was Noch fur churfurstisch volck dahinnden gewest hernach gejaget und so starck kommenn das sich die Reuth so*

162 Vgl.: Ebd., S. 94–95.
163 Vgl.: Ebd., S. 95.
164 Vgl.: Ebd., S. 95–96.
165 Vgl.: Ebd., S. 96.
166 Vgl.: Ebd., S. 96.
167 Vgl.: Ebd., S. 96–97.
168 Vgl.: Ebd., S. 97.
169 Zit.: PKMS, S XXX.
170 Vgl.: Held: 1547, S. 97.
171 Zit.: PKMS, S. XXXX.
172 Zit.: Ebd., S. XXX.

Kaiser Karl V. nach der Schlacht bei Mühlberg
Tizian 1548

sich mit Ime gewannth widerkerdt."[173] Nach dem Bericht des Feldmarschall Wolf von Creutz an Herzog Albrecht von Preußen war auch dieser Gegenangriff nicht koordiniert vorgetragen worden: *„indem, wie sich die reutter wenden, rucken die hussern mit 6 fanen fur uns, so setzen 2 geschwader unbefohlen zu ihnen. Dorauf drucken 2 geschwader und wollten dy andern 2 geschwader, als die hauptfane und hoffane, auch drucken. Die behilt ich mit grosser muhe. Wie sich aber unser reuther wider wenden sollten, so kompt von dem losen gesinde ein flucht unther di ersten 2 fanen, darnach di andern 2, und dringen also harth auf dy hauptfane und hoffane und in dy knecht, zutrennen alle ordnung, da war kein wenden und half kein ermhanung, kein schlahen."*[174] Demzufolge wurde der Gegenangriff mit sechs Fahnen Reiterei gegen ebenso viele Fahnen ungarische Husaren vorgetragen, wovon zwei vorzeitig den Gegner angriffen, was die übrigen vier zur Flucht nutzen wollten. Bevor diese gesammelt werden konnten, waren die ersten beiden geschlagen und flohen vom Feld, wobei sie die übrigen vier mit sich rissen. Die Reitermasse wälzte durch die abziehende kurfürstliche Infanterie und vergrößerte das Chaos nur noch. Viele Reiter ergaben sich, da sie vollständig demoralisiert waren, wie Ponickau schrieb: *„Es werrenn aber uberall einntzelle Reuther gefanngenn worden die nit grosse Not gelidenn."*[175]

Die Schlacht, so man überhaupt von einer solchen sprechen kann, war endgültig verloren. Die kaiserlich-sächsische Kavallerie erbeutete den Tross, die Geschütze, die kurfürstliche Kanzlei, sowie die mit allerhand Kostbarkeiten gefüllten Wagen etlicher Adliger im Gefolge Johann Friedrichs. Gleichzeitig dauerten die Kämpfe zwischen den fliehenden Kursächsischen und den siegreichen Reitertrupps, die sich etwa zwischen Koßdorf, Falkenberg (Elster) und Beiersdorf abspielten, bis tief in die Nacht. Dabei sollen über 3.000 Söldner auf Seiten des Schmalkaldischen Bundes den Tod gefunden haben. Die Verluste der Kaiserlichen waren mit angeblich nur 50 Toten und 350 Verwundeten vergleichsweise gering.[176]

Irgendwann im Laufe des Abends holten die kaiserlichen Reiter auch das Gefolge Johann Friedrichs ein. Dieses befand sich wohl zwei Kilometer nordöstlich von Falkenberg. Der massige Kurfürst in seiner schweren Rüstung ritt ein kräftiges friesisches Schlachtross. Nach dem Bericht des Feldmarschall von Creutz waren es spanische und ungarische Reiter, die ihn schließlich umringten: *„Er ist aber auff denn lincken packen underm auge bis ans maul von einem hussern gewunth und von Spaniern gefangen worden."*[177] Der Kurfürst hatte sich also anscheinend bis zum Schluss gewehrt.

Die Legendenbildung, die schon kurz nach der Schlacht einsetzte, wollte es jedoch den Spaniern nicht zugestehen, das Haupt des Schmalkaldischen Bundes gefangen genommen zu haben. Der Rat Hans Baumann berichtete in einem Schreiben an den Rat der Stadt Rothenburg ob der Tauber, wie sich Johann Friedrich *„dapffer gewehrt (darüber er auch eine Wunde an der lincken Backen bekommen hat) und gesprochen: ich will mich keinem gefangen geben dann den Teutschen. Und sich einen jungen Teutschen Edelmann Thil von Trot genannt unter Hertzog Moritzen Reutern gelegen sich ergeben und demselben Teutschen Edelmann zum Warzeichen und Zeugnüß zween seiner eigener Ringe so er deßmals an der Hand gehabt zugestellt welches er hernach selbst bekennet hat."*[178] Sicherlich hatten sowohl Johann Friedrich als auch Moritz ein Interesse, die Dinge so darzustellen. Allerdings widerspricht diese Darstellung dem Bericht des kursächsischen Feldmarschalls, der als Teilnehmer der Schlacht die Ereignisse besser mitverfolgen konnte als Baumann, der sie lediglich nachträglich im kaiserlichen Feldlager aufgeschnappt hatte. Wolf von Creutz berichtet nichts von herzoglich-sächsischen Reitern, die den Kurfürsten umringt hätten und selbst wenn dies der Fall gewesen wäre, so ist es zweifelhaft, dass einer der Spanier oder Ungarn in der Lage war, die Aussage Johann Friedrichs, er wolle sich nur einem Deutschen ergeben, zu verstehen. Denn der Kurfürst sprach den Satz wohl in Deutsch. Dagegen spricht auch, dass es nicht herzoglich-sächsische, sondern spanische Reiter des Herzogs Alba waren, die Johann Friedrich zum Kaiser führten.[179]

Die Wittenberger Kapitulation

Nach ihrem Sieg zogen die katholischen Truppen in großer Eile nach Norden, um das Herzogtum Sachsen zu besetzen. Am 26. April marschierten sie in Torgau ein, dass sich ihnen ohne Widerstand ergab. Schwierig war die Lage nun vor allem für das im Erzgebirge stehende kursächsische Korps unter Wilhelm von Thumbshirn. Da es unmöglich schien, Wittenberg vor der Armee Karls V. zu erreichen, wich Thumbshirn nach Westen in Richtung Gotha aus, wo er sich dem Befehl Herzog Friedrichs des Mittleren unterstellte. Dieser wies ihn an, seine Regimenter nach Norden zu führen und sich mit den bei Bremen operierenden Bundestruppen zu vereinigen.[180]

Inzwischen hatte das kaiserliche Heer Wittenberg erreicht. Die ernestinische Residenzstadt hatte sich bereits 1546 auf eine Belagerung vorbereitet. Die Vorstädte waren – trotz großem Protest der einheimischen Bürger, abgebrannt worden. Auf die Nachricht von der Niederlage bei Mühlberg brach eine große Verunsicherung über die Stadtbevölkerung herein. Die kurfürstliche Familie, Johann Friedrichs Ehefrau Sybille und seine beiden jüngeren Söhne Johann Wilhelm und Johann Friedrich, residierten nach wie vor im Schloss.[181]

Moritz schickte derweil Truppen in das Erzgebirge, wo Otto von Dieskau und Philipp von Vitzthum die an die Ernestiner verlorenen Bergstädte zurückerobern und die feindlichen Truppen unter Thumbshirn, Planitz und dem Grafen Reuß von Plauen an einer Vereinigung mit den rebellischen Böhmen hindern sollten. Gleichzeitig rückte sein Bruder August mit zwei kaiserlichen Regimentern und sächsischen Fähnlein in die thüringischen Kerngebiete der Ernestiner vor.[182]

173 Zit.: Ebd., S. XXX.
174 Zit. nach: Held: 1547, S. 143.
175 Zit.: PKMS, S. XXX.
176 Vgl.: Held: 1547, S. 98–99.
177 Zit. nach: Ebd., S. 143.
178 Zit. nach: Ebd., S. 135.
179 Vgl.: Ebd., S. 99–100.
180 Vgl.: Ebd., S. 102.
181 Vgl.: Ebd., S. 105.
182 Vgl.: Issleib: Die Wittenberger Kapitulation, S. 272–273.

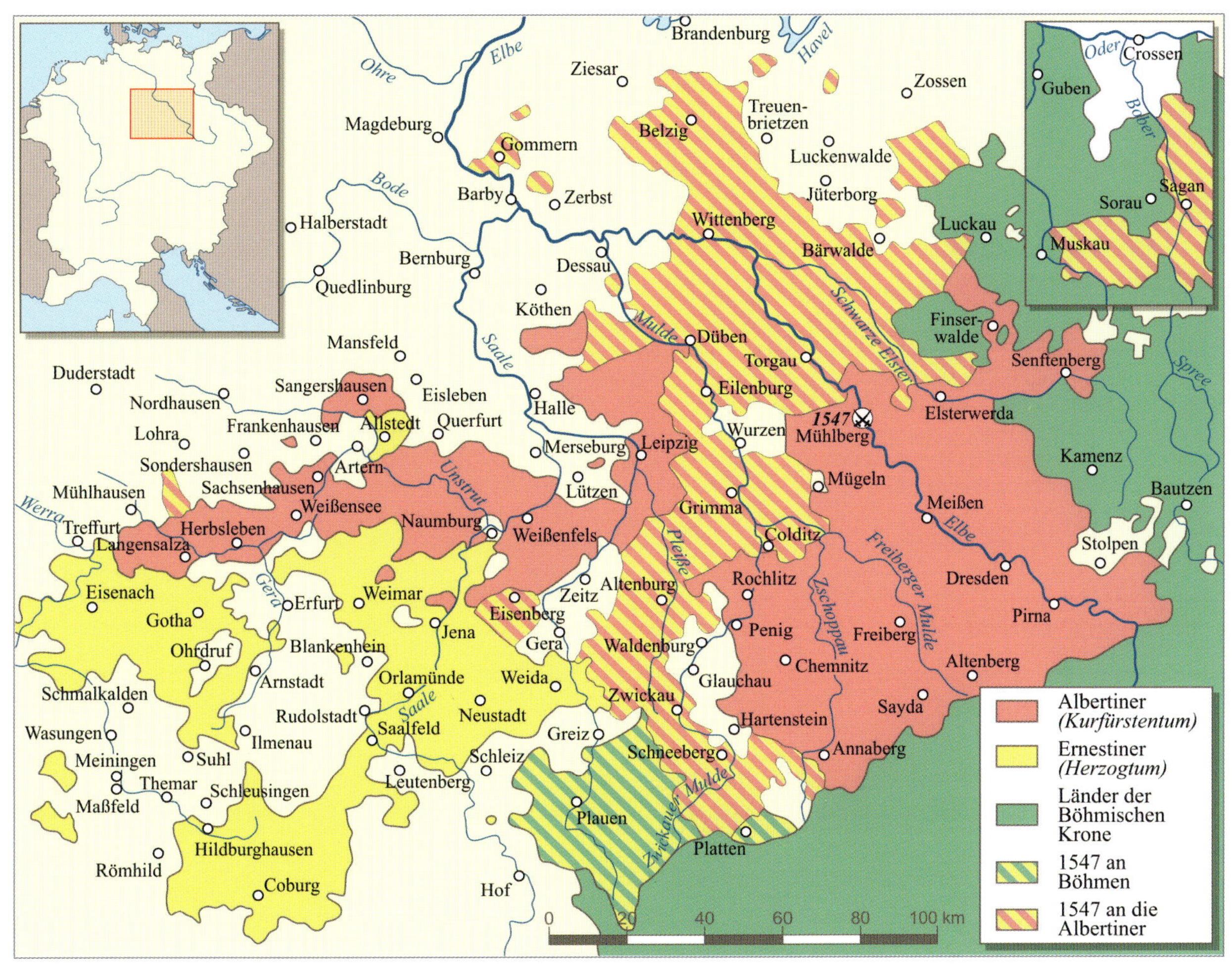

Die Folgen der Wittenberger Kapitulation
Das Herzogtum Sachsen-Wittenberg mit der Kurwürde,
sowie größere vogtländische Territorien gehen an die albertinische Linie des Hauses Wettin über.

Karl V. wollte eine langwierige Belagerung Wittenbergs vermeiden und verhandelte daher mit dem gefangenen Kurfürsten direkt über eine Kapitulation der Stadt. Johann Friedrich war jedoch nicht bereit, sich den Wünschen des Kaisers bedingungslos zu fügen und wurde daher am 10. Mai als Rebell zum Tode verurteilt. Wenn Karl sich zu diesem Schritt hingerissen fühlte, um den Ernestiner zur Kapitulation zu zwingen, so war er erfolgreich. Am 19. Mai 1547 willigte Johann Friedrich in die sogenannte Wittenberger Kapitulation ein.[183]

Mit der Unterzeichnung dieses Vertrages wird gemeinhin das Ende des Schmalkaldischen Krieges datiert, obwohl die Kämpfe in einigen Teilen des Reiches noch andauerten und die Kapitulation inhaltlich vor allem das Verhältnis zwischen den beiden sächsischen Linien neu regelte. Die ältere ernestinische Linie verlor die Kurwürde an die jüngere albertinische unter Herzog Moritz. Damit verbunden waren umfangreiche Gebietsabtretungen. Das eigentliche Herzogtum Sachsen-Wittenberg, an welches die Kurwürde gebunden war, ging ebenso an Moritz über, wie das östliche Vogtland mit Zwickau – der damals zweitgrößten Stadt im ernestinischen Sachsen – weite Teile im heutigen Mittelsachsen rund um Colditz und Grimma – sowie ein Streifen Land entlang der Bober und der Neiße bei Sagan. Dazu kamen einige Ämter im Thüringischen, darunter Eisenberg. Moritz stieg somit zum vermutlich bedeutendsten Reichsfürsten nach dem Kaiser selbst auf.[184]

Die Ernestiner drängten zwar bald auf eine Revision der Wittenberger Bestimmungen, konnten hier jedoch nur marginale Erfolge erzielen. Nach dem Tod des Kurfürsten Moritz in der Schlacht bei Sievershausen (1553) und nur wenige Tage vor dem Ableben Johann Friedrichs unterzeichneten dessen Söhne Johann Friedrich II. (der Mittlere), Johann Wilhelm und Johann Friedrich III. (der Jüngere) am 24. Februar 1554 den Naumburger Vertrag. Damit gab der neue albertinische Kurfürst August die Ämter Altenburg, Eisenberg, Sachsenburg und Herbesleben (ohne Tennstedt), die Städte Auma, Neustadt, Pößneck und Triptis sowie den Besitz der aufgelösten Klöster Volkenroda und Oldisleben an die Ernestiner zurück und erklärte sich außerdem zur Zahlung von 100.000 Gulden bereit. Im Gegenzug verzichteten die drei Brüder auf weitere Ansprüche gegenüber dem Kurfürsten. Ihr Vater sollte zudem den Titel eines „geborenen Kurfürsten" tragen dürfen, ein Privileg, von dem Johann Friedrich wenig hatte, denn er starb bereits am 3. März 1554, nur einen Tag, nachdem er selbst das Abkommen ratifiziert hatte. Die Ernestiner bemühten sich schließlich bis ins 18. Jahrhundert hinein immer wieder um eine mögliche Rückerlangung der Kurwürde, doch diese blieb bis zum Untergang des Alten Reiches fest in den Händen der albertinischen Wettiner.[185]

Inzwischen hatte der Kaiser Wittenberg geräumt, welches nun von Moritz´ Regimentern besetzt wurde. Die kaiserlichen Truppen rückten nach Bitterfeld und Halle vor, um sich dem Korps des Landgrafen Philipp von Hessen zu stellen.

183 Vgl.: Held: 1547, S. 105–106; Issleib: Die Wittenberger Kapitulation, S. 292; Blaschke: Die Schlacht bei Mühlberg, S 16.

184 Vgl.: Issleib: Die Wittenberger Kapitulation, S. 276–292.

185 Vgl.: Schmidt: Kein Staat zu machen, S. 131–136; Issleib: Moritz von Sachsen und die Ernestiner, S. 248–306.

Der Krieg in Niedersachsen und die Schlacht an der Drakenburg

Vermutlich um die Kräfte des Schmalkaldischen Bundes aufzuspalten, wurde der kaiserliche Oberst Christoph von Wrisberg im Januar 1547 damit beauftragt, Truppen im niedersächsischen Kreis auszuheben. Dies erfolgte überwiegend im katholischen Bistum Osnabrück. Von hier zog Wrisberg gegen die Hansestadt Bremen und begann eine langwierige Belagerung. Das Heer schlug sein Lager an der Weser nördlich der Stadt auf, um diese von ihren seewärtigen Verbindungslinien abzuschneiden. Hier fiel den Kaiserlichen auch ein Großteil der Bremer Handelsflotte in die Hände, die wegen des starken Eisganges nicht im Fluss ankern konnte. Die Umgebung der Stadt wurde stark verwüstet, teils durch Wrisbergs Truppen, die auf der Suche nach Nahrungsmitteln waren, teils durch die Bremer selbst, die sich zur Verteidigung einrichteten und das nahe den Stadtmauern stehende Paulskloster abbrachen. Allerdings mangelte es Wrisbergs Armee an schweren Kanonen, um einen ernsthaften Angriffsversuch auf Bremen vorzutragen.[186]

Anfang März errichteten die Kaiserlichen eine Schiffsbrücke über die Weser, um ihre Kontrolle über den Fluss zu stärken und ihre Truppen besser verschieben zu können. Diese wurde allerdings während eines Ausfalls der Bremer am 7. März wieder zerstört. Die folgenden Wochen vergingen mit etlichen Scharmützeln. Die Bremer schöpften Hoffnung, als ihnen Kurfürst Johann Friedrich von Sachsen die Entsendung eines kleinen Hilfskorps unter dem Grafen Albrecht von Mansfeld zusicherte. Dagegen zögerte die Mehrheit der norddeutschen Bundesmitglieder, die durch die Bundesakte zugesicherten Truppenkontingente zu mobilisieren.[187]

Am 31. März unternahmen die Bremer den entscheidenden Ausfall. Zuerst beschossen vier mit Knechten beladene und mit Kanonen versehene Schiffe eine von den Kaiserlichen am Weserufer errichtete Schanze, dann unternahm die gesamte Besatzung der Stadt einen Angriff auf das feindliche Lager. Dieser Vorstoß wurde von den Kaiserlichen mit schweren Verlusten zurückgeschlagen. Derweil landeten die Schiffe das mitgeführte Kriegsvolk an, welches die Schanze stürmte und drei Geschütze erbeutete. Mit reicher Beute beladen kehrten die Bremer Knechte anschließend unter den Schutz der Stadtmauern zurück. Wrisberg sah sich daraufhin gezwungen, die Belagerung abzubrechen.[188]

Im April schlossen sich ihm weitere Truppen unter Herzog Erich II. von Braunschweig-Calenberg-Göttingen an. Erich war erst kurz zuvor zum Katholizismus übergetreten und folgte nun offen der Sache des Kaisers. Ihre vereinigten Heere waren mehr als 12.000 Mann stark – einige Chronisten berichten von bis zu 31.000 Mann – und schlossen Bremen am 19. April erneut ein, wobei der Herzog sein Lager auf dem linken, Wrisberg auf dem rechten Weserufer aufschlug. Erichs am Folgetag vorgebrachte Kapitulationsaufforderung lehnten die Bremer rundweg ab. Da der Herzog einen großen Geschützpark mitgebracht hatte, waren die kaiserlichen Landsknechte diesmal zuversichtlich, die Stadt zu

186 Vgl.: Kohlmann: Kriegesmuth und Siegesfreude, S. 20–29.

187 Vgl. Ebd., S. 30–43.

188 Vgl.: Ebd., S. 48–52.

1603 angefertigte Radierung der **Schlacht bei Drakenburg**, rechts die Weser, im Hintergrund Drakenburg

stürmen und anschließend plündern zu können. In der Schene-Rhiensberger Chronik wird berichtet: *„Dusse beeide Heerlager darbuten romeden wo de Stadt Bremen öhnen van dem Keyser were geschenket, undt allent wadt darinne were; dar wollen se alle umme sterven und öhre Helfe daran hengen; se wolden Bremen thor Büte hebben."*[189]

Die beiden Heerführer hatten große Probleme, ihre Regimenter mit Lebensmitteln zu versorgen, da das Umland von umherziehenden protestantischen Banden unsicher gemacht wurde. Lebensmittelmangel, Seuchen und die daraus resultierenden enormen Desertionsraten führten zu einem Verlust von beinahe einem Viertel des gesamten Heeres. Die wiederholten Ausfälle der Bremer störten zudem die Versuche der Kaiserlichen, Schanzen für ihre schweren Geschütze fertigzustellen und so mit dem Beschuss der Stadt zu beginnen.[190]

Inzwischen stellten die norddeutschen Bundesstände zögernd ein Entsatzheer auf. Allerdings beteiligten sich lediglich die Städte Hamburg, Hannover, Braunschweig und Hildesheim an der Finanzierung neuer Truppen. Da diese die Belagerungsarmee des Herzogs und Wrisbergs nicht mit Aussicht auf Erfolg angreifen konnten, warteten sie Verstärkungen aus dem Süden ab. Hier näherten sich das abgedrängte kursächsische Korps des Grafen Thumbshirn und weitere Verbände unter den Grafen von Mansfeld und von Oldenburg. Angeblich soll Thumbshirn, da er sich durch das von kaiserlichen Truppen teilweise zurückeroberte Gebiet im Herzogtum Sachsen bewegen musste, seine Truppen sogar aufgelöst haben. In kleinen Grüppchen sollen seine Männer dann als „gartende Landsknechte" gen Norden gezogen sein, um weniger Aufmerksamkeit zu erregen.[191]

Sammelpunkt der verschiedenen städtischen Kontingente war der Ort Groß Lafferde, nördlich des Harzes. Von hier zogen sie nach Gronau und vereinigten sich am 18. Mai mit den kursächsischen Truppen und den Verbänden der Grafen von Mansfeld und von Oldenburg. Danach verheerten die Landsknechte das Herzogtum Braunschweig-Calenburg-Göttingen. Anschließend zogen sie die Leine hinauf nach Norden und erreichten am 22. Mai Rodewald.[192]

Herzog Erich war die Verwüstung seiner Stammlande nicht entgangen. Da auch die Belagerung von Bremen keinerlei Fortschritte machte, sondern bereits zum Verlust von etwa einem Viertel seines Heeres geführt hatte, beschloss er, dem Feind entgegen zurücken. Sich vor den Toren Bremens zur Schlacht zu stellen, barg die Gefahr, von zwei Seiten in die Zange genommen zu werden. Bereits am 19. Mai begannen die Kaiserlichen, ihre erbeuteten Viehvorräte in Sicherheit zu bringen. Drei Tage später war das gesamte Heer abgerückt.[193]

189 Zit. nach: Ebd., S. 76: *„Dass beide Heerlager draußen rühmeten, die Stadt Bremen und alles was darin wäre, wäre ihnen vom Kaiser geschenkt worden, dafür wollten sie alle sterben und ihren Kopf daran setzen, sie wollten Bremen zur Beute haben."*

190 Vgl.: Ebd., S. 77–80.

191 Vgl.: Bothmer: Die Schlacht vor der Drakenburg, S. 86–88.

192 Vgl.: Ebd., S. 88–90.

193 Vgl.: Kohlmann: Kriegesmuth und Siegesfreude, S. 82–84.

Die Kaiserlichen brachen ihr Lager daher am 22. Mai ab und marschierten in zwei Kolonnen die Weser hinauf. Das erste Etappenziel bildete die Stadt Hassel, wo die beiden durch den Fluss getrennten Abteilungen sich vereinen und gemeinsam weiter marschieren sollten. Allerdings kamen Wrisbergs Wagen auf den sandigen Straßen langsamer voran, als geplant. Der junge und tatendurstige Herzog Erich überquerte dagegen früher als vorgesehen die Weser nahe Hoyer und marschierte anschließend, ohne auf Wrisbergs Truppen zu warten, am 23. Mai weiter nach Süden auf Hassbergen zu.[194]

Der ursprüngliche Plan sah vor, von hier aus weiter nach Bothmer zu ziehen. Doch noch in der Nacht zum 23. Mai entschied Erich sich um und informierte Wrisberg darüber, dass er nun gedenke, nach Drakenburg zu marschieren. Die Truppen des Schmalkaldischen Bundes waren bereits um 4 Uhr morgens aufgebrochen und zogen nördlich des Lichten Moores in Richtung Hoya, da sie nach Berichten von Kundschaftern hier auf die Armee Erichs zu treffen hofften. Der Vormarsch verzögerte sich zunächst, da ein Rodewalder Bauer einen Hohlweg nördlich des Ortes durch einen Baumverhau blockiert hatte, sodass die Artillerie und die Trosswagen diesen nicht mehr nutzen konnten. Im Laufe des Vormittags trafen dann weitere Berichte ein, denen zufolge Erich zwischen 7 und 8 Uhr mit seinen Truppen nach Süden – in Richtung Drakenburg – marschiert sei. Die Bundeshauptleute erkannten, dass sich die beiden gegnerischen Korps noch nicht wieder vereint hatten und beschlossen, diese günstige Gelegenheit auszunutzen.[195]

Am Mittag stieß ein zur Aufklärung vorrausgeschicktes Reiterfähnlein des Bundesheeres in Anderten mit einem Spähtrupp aus Erichs Heer zusammen, welches hier postiert worden war, um in Erfahrung zu bringen, ob die protestantischen Truppen das Lichtenmoor südlich oder nördlich passieren würden. Die Reiter des Herzogs wurden geworfen und verloren einige Gefangene. Das kurze Gefecht verschaffte beiden Seiten Klarheit über die Situation. Erich erfuhr nun, dass das Bundesheer nördlich um das Moor herumzog und die Bundeshauptleute erhielten spätestens jetzt Klarheit darüber, dass sich die kaiserlichen Korps immer noch nicht vereint hatten. Die schmalkaldischen Truppen marschierten im Lauf des Gefechts östlich von Anderten zur Schlachtordnung auf, da man damit rechnete, dass Erich sich ihnen mit voller Macht entgegenwerfen würde. Aufgrund der Aussagen der Gefangenen, wonach sich das herzogliche Heer nördlich Drakenburg befand, schwenkten die Bundestruppen nun nach Westen und marschierten auf Gadesbünden, ein kleines Dorf nordöstlich Drakenburg. Nachdem sie dieses Dorf besetzt hatten und Erichs Armee beim nahe gelegenen Heemsen in voller Schlachtordnung entfaltet vorfanden, schlossen auch sie den Aufmarsch ihrer Gewalthaufen ab.[196]

Das Bundesheer unter dem Grafen von Mansfeld bestand aus etwa 6.000 bis 7.000 Mann Fußtruppen in 26 Fähnlein unter dem Befehl von Graf Christoph von Oldenburg und 1.200 bis 1.400 Reitern und verfügte über 26 Geschütze. Herzog Erichs kaiserliche Truppen waren wohl zahlenmäßig leicht unterlegen, das Fußvolk bestand aus höchstens 6.000 Landsknechten, die Reiterei soll etwas stärker als die des Bundes gewesen sein. Die Artillerie bestand aus 17 Kanonen.[197]

Herzog Erichs Position lag auf offenem, leicht welligem Gelände mit hohen Sanddünen, die seinen Kanonen ein exzellentes Schussfeld offerierten. Allerdings standen die Kaiserlichen sprichwörtlich mit dem Rücken zur Wand, denn die in ihrem Rücken entlang fließende Weser stellte ein nahezu unüberwindliches Hindernis dar. Es ist viel darüber spekuliert worden, warum der Herzog die Schlacht bei Drakenburg überhaupt annahm. Er selbst war militärisch unerfahren, aber tatendurstig. Allerdings dürften ihn seine erfahrenen Hauptleute auf die schwerwiegenden Nachteile seiner Stellung hingewiesen haben. Denkbar ist aber auch, dass die Kaiserlichen mit dem baldigen Eintreffen des längst überfälligen Wrisberg rechneten oder ihre Unterlegenheit gegenüber den Bundestruppen nicht als derart gewichtig empfanden.

Zunächst wurde Erichs Heer auch noch durch das Wetter und die Tageszeit begünstigt. Die bereits tief im Westen stehende Sonne blendete die Bundestruppen und der Wind blies ihnen den Qualm der Geschütze ins Gesicht. Der Graf von Mansfeld ließ seine Fußtruppen direkt vor dem kaiserlichen Korps aufstellen, während seine Artillerie auf dem rechten Flügel auffuhr. Die Bundesreiterei hatte nach den Scharmützeln zu Beginn der Schlacht Aufstellung zu beiden Seiten des Fußvolks bezogen.[198]

Da ein Frontalangriff auf die kaiserlichen Truppen gefährlich erschien, schlug der braunschweigische Feldhauptmann Brun von Bothmer, der das Gelände gut kannte, vor, den gegnerischen linken Flügel zu umgehen und in der Flanke und von hinten anzugreifen. Mansfeld stellte ihm hierfür etwa 1.000 Hakenbüchsenschützen und vier Falkonette des braunschweigischen und hamburgischen Kontingents zur Verfügung. Die Bundesartillerie eröffnete die Schlacht, womöglich auch deswegen, um die Rechtsverschiebung von Bothmers Abteilung zu verschleiern. Erichs Geschütze erwiderten das Feuer. Dieses zeigte jedoch wenig Wirkung, da die Geschütze zu hoch schossen.[199]

Als Bothmers Abteilung eine Wiese im Rücken des linken kaiserlichen Flügels erreicht hatte, eröffneten seine Schützen und die Falkonette mit verheerender Wirkung das Feuer. Das Aufflackern von Schlachtenlärm im Rücken des Feindes stellte zugleich das Angriffssignal für das Zentrum der Bundesarmee dar. Noch bevor das Fußvolk an die Kaiserlichen herangekommen war, stießen die Reiterverbände aufeinander. Erichs Kavallerie wurde geschlagen und floh panisch vom Schlachtfeld. Die Bundesreiterei preschte durch die Sanddünen und schnitt den linken Flügel der kaiserlichen Armee vom Zentrum ab. Spätestens jetzt brach die Ordnung der Kaiserlichen vollends auseinander. Die gesamte Armee floh in Richtung Weser, hart bedrängt von der schmalkaldischen Reiterei. Auch Herzog Erich entging nur mit knapper Mühe und Not der Gefangennahme, indem er den Fluss durchschwamm. Etwa 3.500 seiner Söldner sollen bei den Kämpfen getötet oder anschließend in der Weser

194 Vgl.: Bothmer: Die Schlacht vor der Drakenburg, S. 90–92.

195 Vgl.: Ebd., S. 92–94.

196 Vgl.: Ebd., S. 93–94.

197 Vgl.: Ebd., S. 97–98.

198 Vgl.: Ebd., S. 99–100.

199 Vgl.: Ebd., S. 101; Bippen: Die Abbildungen der Schlacht bei Drakenburg, S. 35.

ertränkt worden sein, 2.500 gerieten in Gefangenschaft. Die 18 Geschütze und sämtliche Trosswagen fielen in die Hände der Sieger. Die Protestanten verloren 217 Tote und 378 Verwundete.[200]

Markgraf Albrecht Alcibiades von Brandenburg Kulmbach (1522-1557)
Kopie eines Portraits von Andreas Riehl d. Ä. von 1557

Christoph von Wrisberg hatte inzwischen sein Korps in der Gegend von Hassel angetroffen. Mit zwei Fähnlein Reitern eilte er sofort wieder nach Süden, traf aber nicht mehr rechtzeitig bei Drakenburg ein, um noch in die Schlacht eingreifen zu können. Allerdings stieß er überraschend auf den nur von Bauernaufgeboten gedeckten Tross des Bundesheeres. Nach kurzem Gefecht nahmen Wrisbergs Reiter einen Teil der Wagen einschließlich der Kriegskasse des Bundes weg. Auch ein Großteil der durch Mansfelds Truppen im Herzogtum Braunschweig-Calenberg gemachten Kriegsbeute fiel wieder in die Hände der Kaiserlichen. Einen Angriff auf das nach wie vor gut geordnete Heer des Bundes wagte Wrisberg allerdings nicht. Stattdessen zog er sich nach Verden zurück.[201]

Drakenburg war ein ebenso klarer und vollständiger Sieg für die Protestanten, wie Mühlberg es für die Kaiserlichen gewesen war. Allerdings hatte er keine Auswirkungen mehr auf den Ausgang des Krieges. Dafür war der norddeutsche Kriegsschauplatz schlicht zu unbedeutend.

200 Vgl.: Bothmer: Die Schlacht vor der Drakenburg, S. 102; Bippen: Die Abbildungen der Schlacht bei Drakenburg, S. 35.

201 Vgl.: Bothmer: Die Schlacht vor der Drakenburg, S. 103.

NACHWEHEN: VON KONSTANZ BIS SIEVERSHAUSEN

Der geharnischte Reichstag zu Augsburg

Nach dem militärischen Sieg über seine Gegner beabsichtigte der Kaiser, die Reichsverfassung zu reformieren und die Stellung des Monarchen zu stärken. Gleichzeitig sollte dabei auch die Religionsfrage endgültig gelöst werden. Ein solches Vorhaben musste jedoch naturgemäß den Widerstand nicht nur der protestantischen Reichsstände hervorrufen. Zur Eröffnung des Augsburger Reichstages im Juli 1547 ließ der Kaiser den Ständevertretern dennoch eine Resolution mit seinen Maximalforderungen vorlegen. Insbesondere die Kurfürsten – darunter auch Moritz von Sachsen – konnten die Bemühungen des Kaisers letztendlich erfolgreich abwehren.[202]

Auch im Hinblick auf die konfessionelle Spaltung konnte Karl keine endgültige Entscheidung erwirken. Stattdessen legte eine Kommission mit durchaus toleranten Klerikern, wie dem Naumburger Bischof Julius Pflug, eine Interimsordnung vor, die die Religionsfrage bis zur Einberufung eines neuen Kirchenkonzils regeln sollte.[203]

Moritz von Sachsen erhielt gleichzeitig seine Kurwürde bestätigt. Als protestantischen Fürsten störten allerdings auch ihn die auf dem Reichstag gemachten Religionsbeschlüsse. Die anhaltende Gefangenschaft Philipps von Hessen, der immerhin sein Schwiegervater war, belastete Moritz Verhältnis zum Kaiser weiter.[204]

Insbesondere im Norden des Reiches, der von den Lasten des Schmalkaldischen Krieges unberührt geblieben war, blieb die Stimmung unruhig. Im Februar 1550 schlossen Markgraf Hans von Küstrin, Herzog Albrecht von Preußen und Herzog Albrecht von Mecklenburg ein Defensivbündnis. Anfang März 1550 unterzeichneten dann auch Kurfürst Moritz und Markgraf Albrecht Alcibiades ein Bündnis. Gleichzeitig stärkte Moritz seine Beziehungen zum Markgrafen von Brandenburg-Küstrin und auch den Söhnen Johann Friedrichs.[205]

Obwohl der Schmalkaldische Krieg seit 1547 als beendet galt, widersetzten sich einige ehemalige Bundesmitglieder dem Kaiser weiter hartnäckig und auch der Konflikt zwischen Karl und den Fürsten schien mit der Zerschlagung des protestantischen Bündnisses keinesfalls beendet.

202 Kohler: Karl V., S. 323–324; Wartenberg: Der Kampf zwischen Kaiser und protestantischen Fürsten, S. 20.

203 Kohler: Karl V., S. 324–326.

204 Vgl.: Ebd., S.. 338; Issleib: Moritz von Sachsen 1547–1548, S. 192–207; Issleib: Moritz von Sachsen gegen Karl V. bis zum Kriegszuge 1552, S. 211–213.

205 Vgl.: Issleib: Moritz von Sachsen gegen Karl V. bis zum Kriegszuge 1552, S. 214–215.

Der Schmalkaldische Krieg sah erstmals den Einsatz leichter ungarischer Kavallerie (Husaren) in Mitteleuropa. Die hier abgebildeten Reiter beruhen auf einer Reihe zeitgenössischer Stiche. Typisch für die Ungarn waren ihre weiten, orientalischen Mäntel und die spitzen Schilde.

Die Belagerung Magdeburgs

Magdeburg war bereits am 27. April 1547 von dem Kaiser mit der Acht belegt worden. Ein Jahr später wurde die Stadt von den übrigen Ständen des Erzbistums Magdeburg zu Verhandlungen mit dem neuen Erzbischof in Staßfurt eingeladen. Die Stadt schickte zwei Räte. Die Verhandlungen zogen sich von September bis Dezember und wurden bald nach Westerhüsen, einem kleinen Städtchen nahe Magdeburg, verlegt. Die Stände forderten die Herausgabe der von den Magdeburgern besetzten erzbischöflichen Besitzungen. Die städtischen Deputierten waren durchaus bereit, auf diese Forderungen einzugehen, wenn ihnen im Gegenzug Religionsfreiheit und eine milde Behandlung durch den Kaiser zugesagt werden würden.[206]

Auch Moritz von Sachsen versuchte, sich im Zuge dieser Konflikte in den Besitz der Stadt zu bringen, immerhin war er durch die Wittenberger Kapitulation zu ihrem Schutzherren bestimmt worden.[207] Angeheizt wurde der Konflikt aber noch aus einer ganz anderen Richtung. Herzog Heinrich von Braunschweig versuchte in dieser Zeit, die Rekatholisierung seines Fürstentums voranzutreiben, was auf den Widerstand der eigenen Bevölkerung, insbesondere der Stadt Braunschweig stieß. Heinrich warb um den Beistand Moritz´, der sich jedoch darauf beschränkte, zwischen den Parteien zu vermitteln und tatsächlich kam am 11. September 1550 ein entsprechender Vertrag zustande. Heinrich hatte aber bereits Truppen durch Herzog Georg von Mecklenburg werben lassen. Diese waren jetzt mit einem Schlag beschäftigungslos, hatten aber noch hohe ausstehende Soldforderungen. Daher schlug Heinrich dem Mecklenburger Herzog vor, selbst die Reichsacht gegen Magdeburg zu vollstrecken.[208]

Georg verfügte über etwa 3.000 Fußknechte und 200 Reiter und zog mit diesen durch das Halberstädter Stift auf Magdeburg. Am 17. September überfielen die herzoglichen Truppen das südwestlich von Magdeburg gelegene Wanzleben. Die Ortschaft wurde gebrandschatzt, das Schloss jedoch widerstand drei Sturmversuchen. Daraufhin rückten ihnen Magdeburger Truppen unter Graf Albrecht von Mansfeld entgegen, wagten aber die Mecklenburger nicht anzugreifen. Mansfeld zog sich unter den Schutz der Magdeburger Wälle zurück und hob auf dem Weg Bauernaufgebote zu ihrem zusätzlichen Schutz aus. Herzog Georgs Truppen plünderten das Umland und schlugen wenig später bei Hillersleben einen weiteren Angriff des städtischen Aufgebots zurück, wobei die Magdeburger 2.300 Mann eingebüßt haben sollen. Georg rückte nun selbstbewusst auf Magdeburg vor.[209]

Nun ersuchten die Magdeburger Räte Kurfürst Moritz als Schutzherren der Stadt um Hilfe. Dieser traf sich am 30. September bei Barby mit dem Herzog. Die Gespräche mündeten in einer Übernahme der herzoglichen Truppen durch Moritz. Georg behielt die freie Verfügungsgewalt über 200 Reiter. Allerdings war das kleine Heer für einen Sturm auf die Stadt zu schwach und der sächsische Landtag mahnte den Kurfürsten zur Zurückhaltung. Moritz nutzte den Einfall der Mecklenburger, um gegenüber Karl V. sein Fernbleiben vom Reichstag zu rechtfertigen und fragte, ob er das abgeworbene Heer zur Durchsetzung der Reichsexekution gegen die Elbestadt einsetzen sollte. Karl willigte ein und gab Magdeburg im Falle eines Sturms zur Plünderung frei.[210]

Moritz nahm zunächst Verhandlungen mit dem Rat der Stadt auf, die aber zu keinem Ergebnis kamen. Der Kurfürst zögerte eine direkte Belagerung weiter hinaus, da die sächsischen Stände einem Angriff auf Magdeburg kritisch gegenüberstanden. Auf dem im November in Torgau tagenden Landtag konnte der Kurfürst keine Zustimmung für den Feldzug erlangen und sah sich genötigt, im selben Monat einen weiteren Landtag in Bitterfeld einzuberufen. Gleichzeitig wandte er sich mit der Bitte um finanzielle Unterstützung an den Kaiser. Der in Bitterfeld einberufene Landtag konnte derweil keine endgültige Entscheidung fällen, da nur wenige Ständevertreter dem kurfürstlichen Aufruf gefolgt waren.[211]

Moritz entschloss sich daher, am 24. November ohne Zustimmung seiner Stände von Wittenberg aus nach Magdeburg zu ziehen. Die hier lagernden Truppen hatten bereits mit der Anlage von Schanzen und zweier Blockhäuser begonnen. Moritz verstärkte die Armee um vier Fähnlein Knechte, 250 Reiter und drei Kanonen. Bei seinem Anmarsch nahm er das auf der rechten Elbseite gelegene Zollhaus ein und ließ hier ein drittes Blockhaus anlegen. Am 28. November befahl er, einen Scheinangriff auf das Sudenburger Tor vorzutragen. Kurz darauf erklommen seine Knechte die Wälle der Neustadt. Die städtischen Wachen wurden vollkommen überrumpelt und Sudenburg gestürmt. Herzog Georg schlug hier sein Quartier auf. Er leitete die eigentlichen Belagerungsarbeiten, da Moritz das Heer immer wieder verlassen musste. Dieses bestand mittlerweile aus 18 Fähnlein Fußknechten und etwa 800 Reitern. Magdeburg verfügte über etwa 2.300 Söldner und das städtische Aufgebot.[212]

Der Kaiser hatte derweil auf Forderung des sächsischen Kurfürsten, seinem obersten Feldherren, auf dem Reichstag 100.000 Taler bewilligt bekommen, um die Unterhaltskosten des Heeres für die letzten zwei Monate zu decken. Für jeden weiteren Belagerungsmonat sollten 60.000 Taler gezahlt werden. Nachdem diese Mittel bewilligt waren, erneuerte Karl am 16. Dezember die Achterklärung und verbot allen Reichsständen, Magdeburg zu Hilfe zu kommen.[213]

Anstatt sich auf Magdeburg zu konzentrieren, zog Moritz Mitte Dezember mit einem Teil des Belagerungsheeres weiter die Elbe hinauf, um das Bistum Verden anzugreifen. Bei Celle vereinigte er sich mit Herzog Heinrich von Braunschweig, der 550 Reiter und 2.000 Mann Fußvolk kommandierte. Vom Abzug des Kurfürsten ermuntert, hatten die Magdeburger am 19. Dezember einen Ausfall unternommen. In dem anschließenden Gefecht brachten sie über 200 Gefangene ein, darunter Herzog Georg, der

206 Vgl.: Wartenberg: Der Kampf zwischen Kaiser und protestantischen Fürsten, S. 19–20.

207 Vgl.: Issleib: Moritz von Sachsen gegen Karl V. bis zum Kriegszuge 1552, S. 213–214.

208 Vgl.: Herrmann: Moritz von Sachsen, S. 146–147.

209 Vgl.: Issleib: Magdeburgs Belagerung, S. 178–181.

210 Vgl.: Ebd., S. 184–188.

211 Vgl.: Herrmann: Moritz von Sachsen, S. 147–148; Issleib: Magdeburgs Belagerung, S. 190–206.

212 Vgl.: Issleib: Magdeburgs Belagerung, S. 208–210.

213 Vgl.: Ebd., S. 213–217.

durch zwei Schüsse verwundet worden war. Daraufhin schickte Moritz einen Teil seiner Reiterei zurück und forderte seine Vasallen aus dem Leipziger Kreis dazu auf, das Belagerungsheer zu verstärken. Doch seine eigenen Stände verweigerten ihm die Gefolgschaft. In Norddeutschland bezog der Kurfürst ein Lager zwischen Bremen und Verden. Am 7. Januar schloss er in Tönes einen Vertrag mit den Hauptleuten aller sich dem Kaiser widersetzenden Truppen ab, worin diese sich zu einer dreimonatigen Neutralität verpflichteten.[214]

Mit diesem Kontrakt hatte Moritz jeden Versuch der protestantischen Stände, Magdeburg zur unterstützen, vereitelt. Der Kurfürst kehrte mit seinem Heer nach Magdeburg zurück, wo der strenge Winter die sofortige Fortsetzung der Belagerungsarbeiten verhinderte. Erst Anfang März begann die Anlage neuer Schanzen. Moritz trug sich sogar mit dem Gedanken, die Elbe ober- und unterhalb der Stadt abzustechen. Gleichzeitig wurden die Verhandlungen mit der Stadt und ihren Verbündeten fortgesetzt.[215]

Anfang Mai war Magdeburg vollständig eingeschlossen. Das Belagerungsheer hatte einen Laufgraben mit Wall von der Neustadt bis zur Buckauer Schanze gezogen. Auf der Elbe hatte Moritz Prahme mit schweren Geschützen verankert. Ober- und unterhalb der Stadt waren Schiffsbrücken errichtet und mit Blockhäusern und 100 Knechten gesichert worden. Moritz versammelte kleine Schiffe und Boote, für den Fall, dass eine Entsatzstreitmacht aus Norddeutschland auf der Elbe heranrückte. Später wurde der Fluss auf Höhe der Schiffsbrücken durch Pfähle und Ketten gesperrt. Die meisten der Blockhäuser und Schanzen waren außerhalb der Reichweite der Magdeburger Geschütze errichtet worden, da der Kaiser gefordert hatte, die Stadt während der Belagerung nicht unnötig durch Beschuss zu beschädigen. Das Heer des Kurfürsten war im Mai auf 9.000 Knechte und 1.300 Reiter angewachsen.[216]

Doch obwohl sich der Ring um Magdeburg immer enger zog, blieb der Sturm aus. Die Verhandlungen mit der Stadt scheiterten zuletzt vor allem an der Frage nach Entschädigungszahlungen, auf die Moritz angewiesen war, um seine Truppen wieder abzudanken. Im Oktober 1551 lenkte der Kaiser ein und reduzierte seine Forderungen von 200.000 auf 50.000 Gulden. Außerdem sollte die Stadt statt 24 Belagerungs- nur zwölf Feldgeschütze ausliefern. Diese Bedingungen wurden vom Rat schließlich akzeptiert. Abgesandte der Stadt würden vor Karl einen Fußfall leisten und ihm erneut huldigen. Schwer wog dagegen die Zusage, die wahre (also katholische) Religion zu wahren. Diesbezüglich schloss Moritz jedoch geheime Zusatzvereinbarungen mit der Stadt ab, die die freie Religionsausübung garantierten. Moritz wollte zudem die konfiszierten Güter des Magdeburger Erzbischofs an sich nehmen und den Rat gegenüber Schadenersatzforderungen des Reiches verteidigen. Nachdem die Kontributionen an den Kaiser beglichen waren, sollte die Stadt sich an Moritz als ihren Erbherren halten. Am 9. November zog Moritz mit einem Teil seiner Truppen in die Stadt ein und nahm für den Kaiser und sich selbst die Huldigung entgegen.[217]

Der Fürstenaufstand 1552

Bereits im Sommer 1550 hatte Moritz Kontakt zum französischen König aufgenommen. Im Zuge der Belagerung Magdeburgs hatte der Kurfürst neue Beziehungen zu protestantischen Fürsten geknüpft, darunter auch Landgraf Wilhelm von Hessen. Am 22. Mai 1551 schlossen sich der Kurfürst, der Landgraf, Markgraf Albrecht Alcibiades, die Herzöge Johann Albrecht von Mecklenburg und Albrecht von Preußen in Torgau zu einem Bündnis zusammen. Dessen Zweck bestand in der Wahrung der „teutschen Libertät“, also vorrangig der Rechte der Fürsten und somit des freien Konfessionsbekenntnisses. Außerdem wollten sie den immer noch gefangenen Landgrafen Philipp befreien. Um nicht die Fehler des Schmalkaldischen Bundes zu wiederholen, dessen wirtschaftliche Basis für einen Krieg gegen Frankreich zu klein war, suchten sie zügig den Anschluss an Frankreich. Heinrich II. erklärte dem Kaiser noch im selben Jahr den Krieg und drang mit einem starken Heer an den Rhein vor. Nach dem Abschluss der Belagerung von Magdeburg war Moritz bereit, offen gegen den Kaiser vorzugehen. Am 15. Januar 1552 schlossen die Fürsten mit Heinrich II. den Vertrag von Chambord. Darin sicherten sie dem Franzosen das Reichsvikariat über die Städte und Bistümer Toul, Verdun, Metz, Cambrai und Lothringen zu. Ein solches Versprechen stellte einen klaren Bruch des Reichsrechts dar. Heinrich wollte die militärischen Bemühungen der Fürsten im Gegenzug zunächst mit 240.000 Goldkronen für die ersten drei Monate und anschließend mit monatlich 70.000 Goldkronen unterstützen.[218] Der Vertrag verdeutlicht auch, wie die religiösen Konflikte den Reichsverband schwächten, denn während die Fürsten in den Verhandlungen mit Heinrich erklärten, ihnen ginge es vorrangig um den Schutz des Protestantismus, so schlossen sie doch letztendlich einen Vertrag mit einem katholischen Monarchen, der die Gelegenheit zur Schwächung der Habsburger nutzen wollte.[219]

Moritz beanspruchte die Führung des Fürstenheeres für sich, eventuell auch in dem Wissen, wie sehr die Zersplitterung der Führungskompetenzen dem Schmalkaldischen Bund insbesondere auf dem Donaufeldzug 1546 geschadet hatten. Um den Gewinn des Kurhuts für seine Dynastie nicht zu gefährden, übertrug er die Regierung Sachsens vorübergehend an seinen Bruder August, womit auch die Neutralisierung des Kurfürstentums gewährleistet werden sollte.[220]

Obwohl die Verhandlungen mit Ferdinand I. nie abgebrochen wurden, marschierte Moritz´ Heer im März 1552 nach Westen und vereinigte sich am 23. März bei Münnerstadt mit Landgraf Wilhelm von Hessen und fünf Tage später nahe Rothenburg ob der Tauber mit den

214 Vgl.: Wartenberg: Der Kampf zwischen Kaiser und protestantischen Fürsten, S. 24.

215 Vgl.: Issleib: Magdeburgs Belagerung, S. 276–286.

216 Vgl.: Ebd., S. 286–289.

217 Vgl.: Ebd., S. 296–306.

218 Vgl.: Issleib: Moritz von Sachsen gegen Karl V. bis zum Kriegszuge 1552, S. 216–243.

219 Vgl.: Wartenberg: Der Kampf zwischen Kaiser und protestantischen Fürsten, S. 24.

220 Vgl.: Winter: Kurfürst Moritz, S. 60–61.

Truppen von Markgraf Albrecht Alcibiades. Von hier ging der Zug weiter nach Augsburg, das sich Anfang April den Fürsten unterwarf. Am 18. April zog Moritz in Linz ein, wo es zu Verhandlungen mit Ferdinand I. kam. Beide Seiten zeigten sich kompromissbereit, sodass eine weitere Zusammenkunft im Mai in Passau beschlossen wurde.[221]

Dennoch wollten die Protestanten weiter Druck auf den Kaiser ausüben. Zwar stellten die Gespräche mit Ferdinand an sich schon einen Bruch des Vertrags von Chambord dar, dennoch hofften die Fürsten, die Franzosen würden die südlichen Alpenpässe für eine Verlegung kaiserlicher Truppen sperren. Eine erneute Besetzung der Ehrenberger Klause bei Konstanz war im Gespräch. Vorerst zog Landgraf Wilhelm mit einem kleinen Heer nach Basel, um die französischen Hilfsgelder in Empfang zu nehmen. Auf dem Weg wurde von mehreren Städten und Klöstern Brandschatzung erhoben. Am 8. Mai vereinigte er sich bei Gundelfingen an der Donau wieder mit den kursächsischen Truppen.[222]

Markgraf Albrecht Alcibiades führte derweil seinen eigenen Krieg. Er war von Ulm nach Nürnberg zurückgekehrt und belagerte die Stadt, obwohl Moritz ihn mehrfach darum bat, zum Hauptheer zurückzukehren. Der Kurfürst baute auf die Einheit der Protestanten, die er durch das eigensinnige Agieren des Markgrafen gefährdet sah. Der spätere Bruch deutete sich bereits an.[223]

Am 12. Mai brachen Moritz und der Landgraf nach Füssen auf, von wo sie die nördlichen Alpenausgänge für die kiserlichen Truppen sperren wollten. Der Kurfürst plante, die strategisch wichtige Ehrenberger Klause über Oberammergau, Partenkirchen, Ehrwald und Lermoos zu umgehen und brach daher am 18. Mai zusammen mit dem Landgrafen und nur 200 Reitern zu einem Erkundungsritt auf. Dabei stießen sie auf einen etwa 200 bis 300 Mann starken kaiserlichen Vorposten. Sofort griffen die Reiter an und zerstreuten den Feind. Kurz darauf überfielen sie das kaiserliche Hauptlager zwischen Reutte und der Klause. In der folgenden Nacht umging eine protestantische Abteilung unter Herzog Georg von Mecklenburg den Schlossberg, sodass sich die Besatzung der Klause am nächsten Tag von zwei Seiten eingeschlossen sah. Die Kaiserlichen weigerten sich, zu kapitulieren, weswegen die Klause von den Protestanten gestürmt werden musste. Die dortigen Schanzen wurden zerstört, die drei Blockhäuser niedergebrannt. Das Schloss Ehrenberg wurde zwar von seiner Garnison geräumt, allerdings ließ Kurfürst Moritz keine eigenen Truppen zu dessen Besatzung zurück, da es König Ferdinand gehörte und er diesen nicht unnötig provozieren wollte. Von den 13 an der Klause stationierten Fähnlein wurden neun aufgerieben oder mussten die Waffen strecken, die vier anderen, darunter ein italienisches, entkamen. Die Protestanten erbeuteten außerdem 30 Geschütze.[224]

Noch am selben Tag erreichte die Nachricht über den Fall der Klause Innsbruck, wo sich sowohl Karl als auch Ferdinand aufhielten. Panik machte sich im kaiserlichen Gefolge breit und es wurde eine schnelle Abreise zum Brenner vorbereitet. Der immer noch gefangene Johann Friedrich von Sachsen erhielt seine Freilassung zugesagt. Dennoch musste er mit dem Kaiser nach Südtirol ziehen. Ferdinand verließ seinen Bruder in Bruneck, um sich für das verabredete Zusammentreffen mit Moritz nach Passau zu begeben.[225]

Die Bundestruppen zogen derweil nach Innsbruck weiter. Moritz behauptete später, er sei gegen diese Machtdemonstration gewesen, die nur auf Druck der französischen Gesandten erfolgt sei. Er selbst schrieb Ferdinand bereits nach der Einnahme der Ehrenberger Klause, dass er dennoch zu dem vereinbarten Treffen in Passau erscheinen wolle. Am 23. Mai traf das Bundesheer mit 20 Fähnlein Knechten und 400 Reitern vor der Tiroler Hauptstadt ein. Die Truppen lagerten außerhalb der Stadtmauern, während Moritz und die übrigen Fürsten in der Neustadt Quartier nahmen. Der Kurfürst achtete auf strenge Disziplin, schließlich gehörte Innsbruck zum Herrschaftsbereich Ferdinands, mit dem er in wenigen Tagen Verhandlungen führen wollte. Bereits nach zwei Tagen verließen die Protestanten die Stadt. Moritz begab sich nach Passau und Landgraf Wilhelm zog die Armee zur Ehrenberger Klause zurück, wobei die Landsknechte nun die Abwesenheit ihres Oberbefehlshabers ausnutzten und das Land ausplünderten.[226]

Am 28. Mai traf Moritz in Passau ein, einen Tag später folgte Ferdinand. Die Verhandlungen begannen offiziell am 1. Juni. Moritz forderte die Freilassung Landgraf Philipps, eine Erneuerung der im Speyrer Reichsabschied von 1544 gemachten Religionszusagen und die Abschaffung des Augsburger Interims. Statt Karl sollte Ferdinand den Frieden für das Reich erklären und den Ständen der Augsburgischen Konfession das Recht auf freie Religionsausübung zubilligen. Ferdinand zeigte sich weitestgehend entgegenkommend. Dass in Passau schließlich ein Ausgleich erzielt wurde, lag zum einen daran, dass der römische König kompromissbereiter war als sein Bruder und zum anderen, dass Moritz sich als Vertreter der Protestanten durchsetzen konnte. Zwar kam es immer wieder zu Uneinigkeiten zwischen den in der Stadt zusammengekommenen Ständevertretern, aber in solchen Fällen zogen sich Kurfürst und König zu privaten Verhandlungen zurück.[227]

Trotz der Verhandlungen waren die kriegerischen Unternehmungen keinesfalls beendet. Markgraf Albrecht Alcibiades zog weiterhin mit seinem Heer durch Franken. Im Westen des Reiches war die zwar protestantische, aber kaisertreue Reichsstadt Frankfurt durch Truppen des Grafen von Oldenburg eingeschlossen worden. Moritz, der zu diesem Zeitpunkt über den schleppenden Fortgang der Gespräche verärgert zu sein schien, führte Anfang Juli ein sächsisch-hessisches Heer und die Truppen des Markgrafen nach Frankfurt und belagerte die Stadt drei Wochen lang erfolglos. Herzog Georg von Mecklenburg fand bei einem der vielen Sturmversuche den Tod.[228]

221 Vgl.: Ebd., S. 62–63; Issleib: Moritz von Sachsen gegen Karl V. 1552, S. 12–25.

222 Vgl.: Winter: Kurfürst Moritz, S. 63; Issleib: Moritz von Sachsen gegen Karl V. 1552, S. 26–29.

223 Vgl.: Winter: Kurfürst Moritz, S. 63.

224 Vgl.: Ebd. S. 64; Issleib: Moritz von Sachsen gegen Karl V. 1552, S. 29–33.

225 Vgl.: Winter: Kurfürst Moritz, S. 65; Issleib: Moritz von Sachsen gegen Karl V. 1552, S. 34–35.

226 Vgl.: Winter: Kurfürst Moritz, S. 65.

227 Vgl.: Ebd., S. 65–66; Issleib: Moritz von Sachsen gegen Karl V. 1552, S. 37–48.

228 Vgl.: Voigt: Markgraf Albrecht Alcibiades I, S. 322–325.

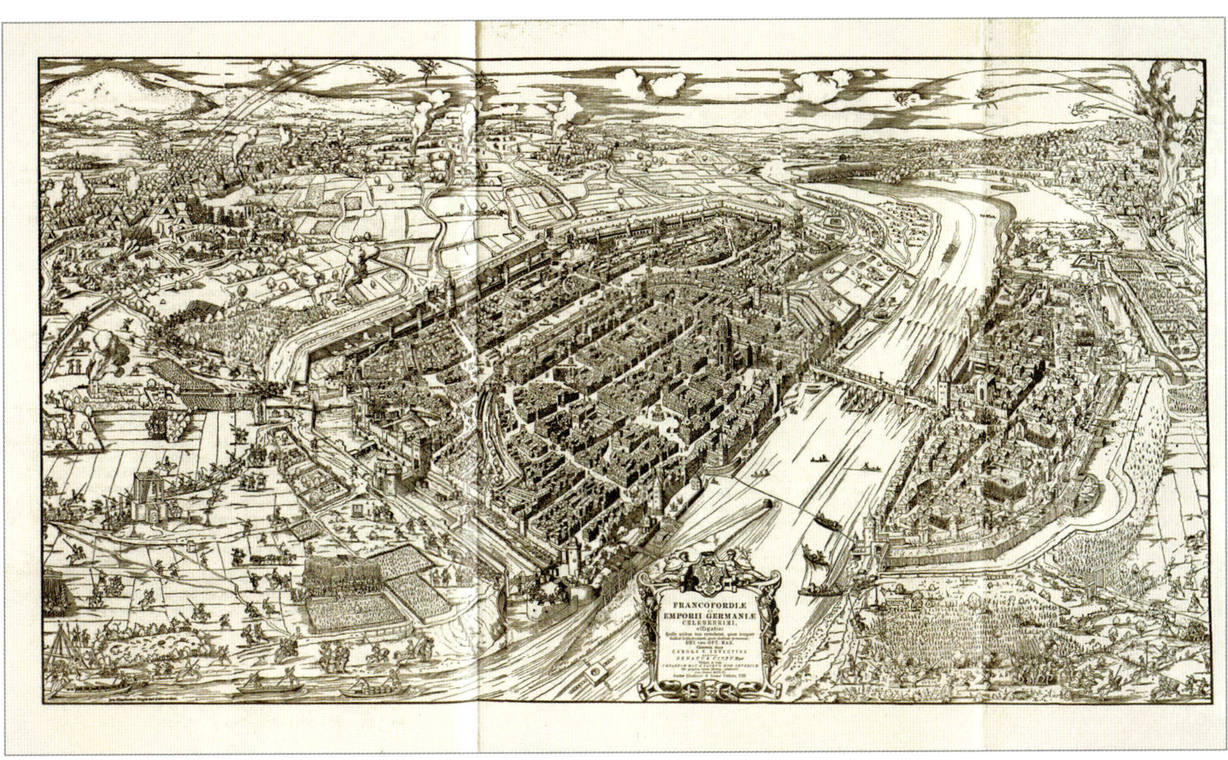

Belagerungsplan der Stadt Frankfurt am Main
nach Conrad Faber von Creuznach, 1552

Am 2. August 1552 unterzeichneten Ferdinand und die Fürsten den Passauer Vertrag. Darin versprachen die Fürsten, ihr Bündnis mit Heinrich II. von Frankreich aufzulösen. Im Gegenzug musste Karl V. den hessischen Landgrafen Philipp und den ehemaligen Kurfürsten Johann Friedrich freilassen. In Glaubensfragen wurde keine endgültige Einigung geschlossen, auch wenn der Kaiser das protestantische Bekenntnis formal anerkannte. Dafür versprachen die Fürsten ihm gegen einen viel wichtigeren Feind, die Türken, beizustehen. Bereits Ende September begab sich Kurfürst Moritz deswegen nach Wien.[229]

Der Zweite Markgrafenkrieg

Markgraf Albrecht Alcibiades, der bereits während des Fürstenaufstandes seine eigenen Interessen verfolgt hatte, setzte nach dem Abschluss des Passauer Vertrages seinen Kampf fort. Der Krieg gegen den Katholizismus bot ihm einen geeigneten Vorwand, seinen Machtbereich in Franken auszudehnen. Daher wandte er sich gegen die beiden Hochstifter Bamberg und Würzburg. Die Plünderung von Kirchenbesitz sollte nicht nur die Kriegskasse des Markgrafen füllen. Durch die Einverleibung der Stiftsgebiete hoffte Albrecht, ein neues Herzogtum Franken aufzubauen.

Bereits während des Fürstenaufstandes war Albrecht nach Nürnberg gezogen. Die Stadt mit ihren starken Mauern widersetzte sich seinen Angriffen erfolgreich, daher verwüstete der Markgraf die umliegenden Dörfer und Städtchen. Lauf und Altorf wurden schwer geschädigt. Moritz und Wilhelm von Hessen forderten Albrecht mehrfach auf, von seinem Vorgehen abzulassen, da sie ihre Kräfte auf den Kampf gegen den Kaiser konzentrieren wollten. Nürnberg willigte schließlich ein, hohe Kontributionen an Albrecht zu zahlen.

Daraufhin wandte sich der Markgraf gegen das Hochstift Bamberg. Er nahm Festung und Stadt Forchheim ein und marschierte auf Bamberg, das sich ihm am 19. Mai ergab. Albrecht setzte seinen Zug fort, besetzte auch Schweinfurt und fiel in das Hochstift Würzburg ein. In separaten Verträgen zwang er die beiden Fürstbischöfe nicht nur zu hohen Kontributionsleistungen, sondern auch zur Abtretung umfangreicher Territorien. Im Zuge des Fürstenaufstandes drang er mit seinem Heer weiter in Richtung Rhein vor, um sich mit den Truppen des französischen Königs zu vereinen. Albrecht drang in das Hochstift Speyer ein und verlangte vom regierenden Fürstbischof eine Brandschatzung von 150.000 Talern. Der Bischof lehnte ab, weswegen der Markgraf die Madenburg und das Hambacher Schloss zerstören ließ, bevor er sich dem Erzstift Trier zuwandte. Der Abschluss des Passauer Vertrages schwächte die Position des Markgrafen allerdings erheblich. Seine bisherigen Verbündeten arrangierten sich mit dem Kaiser und seine bedrängten Nachbarn schlossen sich im Fränkischen Bund gegen ihn zusammen.

Die mit den Hochstiftern Würzburg und Bamberg bezüglich der Abtretung von Stiftsgebieten geschlossenen Verträge stellten allerdings einen klaren Bruch des

229 Vgl.: Issleib: Moritz von Sachsen gegen Karl V. 1552, S. 51–59.

reichsweiten Landfriedens dar und zwangen Karl V., zu handeln. Es galt, Stärke gegenüber den Protestanten zu zeigen und zu demonstrieren, dass der Kaiser durchaus noch in der Lage war, die Integrität der katholischen Territorien zu wahren. Da sich auch Albrechts ehemalige Verbündete von ihm abwandten, konnte Karl V. ihn ohne Bedenken mit der Reichsacht belegen.

Doch der Markgraf wusste sich dieser Gefahr geschickt zu entziehen. Denn während der Krieg mit den Fürsten inzwischen beigelegt war, so hielt der Kampf an der Westgrenze des Reiches gegen Heinrich II. von Frankreich nach wie vor an. Karl sammelte Truppen, um Metz aus den Händen der Franzosen zurückzuerobern. Albrecht bot dem Kaiser seine kriegserfahrenen Fähnlein an und verlangte im Gegenzug die Aufhebung der Acht und die Anerkennung seiner Eroberungen. Karl, der den äußeren Bedrohungen seines Universalherrschaftsanspruchs immer den Vorzug vor der inneren Stabilität des Reiches gab, willigte ein.[230]

Der kaiserliche Feldzug gegen Metz erwies sich jedoch als Fehlschlag und da der mit Albrecht Alcibiades geschlossene Vertrag den Reichsfrieden bedrohte, schaltete sich nun König Ferdinand in den Konflikt ein.[231]

Nürnberg, Würzburg und Bamberg rekrutieren Knechte und stellten ein gemeinsames Heer zusammen, mit dem sie Albrechts Stammsitz Kulmbach und die Plassenburg belagerten. Gleichzeitig rückten Regimenter aus Braunschweig und Kursachsen unter Führung von Albrechts ehemaligem Verbündeten Moritz von Sachsen auf Schweinfurt vor. Der Markgraf hatte sich dagegen selbst in den Niedersächsischen Kreis begeben, wo er hoffte, unter der nach wie vor kaiserfeindlichen Bevölkerung neue Truppen ausheben zu können. Außerdem setzte er auf Unterstützung aus dem Fürstentum Braunschweig-Wolfenbüttel, dessen regierender Herzog Heinrich I., der Jüngere, sich für die Gegenreformation stark machte.[232]

Moritz von Sachsen folgte dem Markgrafen. Er musste den rebellischen ehemaligen Verbündeten niederzwingen, damit dieser mit seinem Handeln nicht den Passauer Vertrag gefährdete. Der Kurfürst vereinte sich mit einem Aufgebot Heinrichs von Braunschweig und traf bei Sarstedt auf die Truppen des Markgrafen. Albrecht war jedoch nicht bereit, den Kampf anzunehmen, und zog sich nach Braunschweig zurück, wo er weitere Verstärkung erhielt.

Moritz und Heinrich folgten ihm. Bei Sievershausen verlegten sie ihm den Weg. Albrecht verfügte über etwa 6.000 Reiter und die doppelte Anzahl Fußvolk. Das braunschweigisch-sächsische Heer war ihm an Reiterei überlegen (7.500 Mann), an Fußvolk dagegen deutlich unterlegen (8.000 Mann). Dafür verfügte es über 25 Geschütze.

Am Morgen des 9. Juli entdeckte der Markgraf das gegnerische Heer und formierte seine Regimenter zur Schlacht. Auch Moritz ließ seine Truppen Aufstellung nehmen, wofür er den gesamten Vormittag benötigte, weil er noch Fußtruppen über einen Damm aus Süden heranführen ließ. Die Sonne stieg immer höher und schließlich wurde es Nachmittag. Moritz und Heinrich rechneten vermutlich nicht mehr mit einer Schlacht. Doch Albrecht eröffnete den Angriff und gab seinen Kürassieren den Befehl, nicht auf die Pferde der Feinde, sondern deren Reiter zu schießen. Seine Artillerie eröffnete um 13 Uhr das Feuer, das von den kurfürstlichen Kanonen erwidert wurde. Moritz Vorhut marschierte auf der Straße in Richtung Arpke, links Kavallerie, rechts eine Schützenformation.[233]

Das erste Treffen von Albrechts Reiterei traf auf die rechte Flanke der kurfürstlichen Vorhut, wo es unter das schwere Feuer von Hakenbüchsenschützen geriet. Anders als sein Gegner hatte Moritz explizit befohlen, auf die Pferde zu schießen. Dennoch gelang es Albrechts Reiterei, ihre Gegner nach Süden auf ein Wäldchen zuzutreiben. Hier hatte der Markgraf in weiser Voraussicht eigene Schützen positioniert, die die Sachsen und Hessen nun ihrerseits unter Feuer nahmen und ihnen schwere Verluste zufügten. Daraufhin brachen Albrechts Reiter durch den linken Flügel der gegnerischen Vorhut und drängten die Sachsen und Hessen vom Schlachtfeld.[234]

In dieser kritischen Situation bewahrte Moritz die Nerven und führte sein Fußvolk nach vorn. Der Kurfürst führte seine Hoffahne persönlich an. Auch Albrecht schickte seine Gewalthaufen vor. Es kam zu erbitterten Nahkämpfen, wobei der Kurfürst *„alß wir vor dem gewaltigenn hauffen gehalttenn, mit einem schuss uber den Lenden getroffen wordenn.“*[235] In der Zwischenzeit gelang es den Verbündeten mit Fußtruppen und zwei Reitergeschwadern, die linke Flanke des markgräflichen Fußvolks zu umfassen und dieses zurückzudrängen. Zwar konnte Albrecht seine Truppen noch einmal sammeln, doch die Sachsen und Braunschweiger setzten nach und warfen sie erneut zurück. Albrechts Armee brach vollständig auseinander und floh vom Schlachtfeld. Der Markgraf rettete sich mit einem Pagen und einigen Reitern nach Braunschweig.[236]

Sievershausen war die größte und blutigste Schlacht des Reformationskrieges auf deutschem Boden. Allein 250 bis 350 Adlige, darunter drei Söhne Herzog Heinrichs und neun Grafen sollen in dem Gemetzel gefallen sein. In den folgenden Tagen wurden 3.038 Leichen auf dem Schlachtfeld bestattet, wobei die Suchmannschaften sich nicht in die Wälder vorgewagt hatten, sodass die Zahl der Toten auf bis zu 4.000 geschätzt wird. Hierzu kommen 8.000 Verwundete, für die vor Sievershausen ein provisorisches Spital aus Zelten errichtet wurde. Der tödlich verwundete Kurfürst Moritz spendete in seinem Testament 2.000 Gulden für die Versorgung der Verwundeten. Er selbst starb zwei Tage nach der Schlacht an den Folgen seiner Verletzung.[237]

Da Albrecht bei Sievershausen fast sein gesamtes Heer verloren hatte, waren seine Stammlande ungeschützt. König Ferdinand zog mit Truppen aus Böhmen, Braunschweig, Nürnberg, Würzburg und Bamberg nach Franken. Das Heer eroberte Hof und Bayreuth zurück, wobei große Teile beider Städte niedergebrannt wurden.

230 Vgl.: Kohler: Karl V., S. 340.

231 Vgl.: Ebd., S. 340.

232 Vgl.: Voigt: Markgraf Albrecht Alcibiades II, S. 76-77; Herrmann: Moritz von Sachsen, S. 230–232.

233 Vgl.: Ebd., S. 232–233.

234 Vgl.: Ebd., S. 234.

235 Zit.: PKMS 6.

236 Vgl.: Herrmann: Moritz von Sachsen, S. 234.

237 Vgl.: Ebd., S. 235–236.

Die Belagerung der Plassenburg durch kaiserliche Truppen
Holzschnitt von Hans Glaser, 1553

Anschließend fiel der König in die Markgrafschaft ein und ließ etliche Burgen belagern und zerstören. Am 22. November hatte die Armee Albrechts Residenz Kulmbach erreicht und eingeschlossen. Die schweren Geschütze schossen Breschen in die Stadtmauern und bereits nach vier Tagen konnte der Ort erfolgreich gestürmt werden. Auf ihrem Rückzug zur Plassenburg zündeten die markgräflichen Truppen etliche Häuser an. Der Herzog von Braunschweig, wohl immer noch verbittert über den Tod seiner Söhne bei Sievershausen, ließ außerdem den Befehl ausgeben, keinen männlichen Bewohner der Stadt am Leben zu lassen, was zu einem fürchterlichen Gemetzel führte. [238]

Die Plassenburg widersetzte sich allerdings weiterhin allen Angriffen des königlichen Heeres. In der Zwischenzeit zog Albrecht mit neuen Truppen aus Thüringen auf Schweinfurt, wohin sich auch ein kleines braunschweigisches Heer wandte. Der Markgraf zog am 10. Juni 1554 in der Stadt ein und wurde am folgenden Tag durch einige Reiter aus Kulmbach verstärkt. Da er den braunschweigischen Truppen jedoch deutlich unterlegen war, zog er sich in der Nacht des Folgetages über den Main nach Süden zurück. Doch bereits am Nachmittag des 13. Juni holten die Braunschweiger den Markgrafen bei Kitzingen ein. In einer Reihe von kleinen Gefechten gelang es der weit überlegenen braunschweigischen Reiterei, Albrechts Heer weitgehend zu zerstreuen. Etwa 800 Männer fielen im Kampf, 3.500 wurden gefangen genommen. Zwar konnte Albrecht erneut entkommen, allerdings verlor er all seine Geschütze, seinen Tross und neben einem Großteil seiner persönlichen Habe auch seine Kriegskasse. Der Markgraf floh nach Uffenheim.[239]

Wenige Wochen später musste auch die Garnison der Plassenburg die Waffen strecken. Albrecht floh nach Pforzheim an den Hof seines Schwagers Karl II. von Baden-Durlach, wo er zwei Jahre später starb. Seine Markgrafschaft wurde eingezogen und vorrübergehend von königlichen Beamten verwaltet. Nach Albrechts Tod ging es als Erbe an Georg Friedrich von Brandenburg-Ansbach über.

Der Augsburger Religionsfrieden

In all dieser Zeit hatte Karl V. seine Hoffnungen weiterhin auf den Papst und ein neues Kirchenkonzil gesetzt. Tatsächlich war das Trienter Konzil 1551 mit protestantischer Beteiligung wieder eröffnet worden, allerdings ließ Papst Julius III. es bereits ein Jahr später endgültig suspendieren. Damit schien die höchste Kircheninstanz als Vermittler in diesem Konflikt auszuscheiden. Mit dem Passauer Vertrag wurde erneut eine Interimslösung beschlossen, die das Problem auf den nächsten Reichstag verschob. Karl zögerte die Einberufung der Stände jedoch hinaus, da er glaubte, nach einem Sieg über Frankreich und einer möglichen Thronfolge seines Sohnes Philipp in England die Position der Habsburger nochmals entscheidend stärken zu

238 Vgl.: Voigt: Markgraf Albrecht Alcibiades II, S. 136–157.

239 Vgl.: Engel: Schlacht von Stadtschwarzach, S. 8–11.

können. Keines dieser Projekte war von Erfolg gekrönt. Stattdessen wurde durch die zögerliche Haltung des Kaisers auch das Verhältnis zu seinem Bruder Ferdinand belastet, der es nicht gutheißen konnte, dass Karl den Reichstag zweimal – 1553 und 1554 – vertagte. Erst am 5. Februar 1555 konnte der Reichstag in Augsburg endlich eröffnet werden.[240]

In ihrer Einladung hatten Karl und Ferdinand bewusst den Passauer Vertrag unerwähnt gelassen. Offiziell ging es ihnen bei den Verhandlungen um die Wiederherstellung des reichsweiten Landesfriedens. Daher wurden theologische Fragen während der Verhandlungen nicht zur Sprache gebracht und stattdessen über das Zusammenleben von Katholiken und Protestanten debattiert.

Der am 25. September 1555 unterzeichnete Augsburger Religionsfrieden erkannte den Anhängern der Confessio Augustana – also den Lutheranern – die freie Religionsausübung und die Wahrung ihrer Besitzstände zu. Künftig würden die Landesherren über das konfessionelle Bekenntnis ihrer Untertanen bestimmen (cuius regio, eius religio). Die Reformierten, die Anhänger Calvins, waren von dem Vertragswerk jedoch ausgenommen.[241]

Die langen Konflikte mit den Reichsständen und seinem Bruder hatten Karl V. schließlich soweit erschöpft und desillusioniert, dass er bereit war, die Krone niederzulegen. Dies geschah zwar nicht, wie ursprünglich geplant, noch auf dem Reichstag, sondern erst 1556 (mit der Übertragung der „administratio imperii", also der kaiserlichen Rechte, und seiner offiziellen Abdankung am 16. Januar) beziehungsweise 1558 (mit der Bestätigung der Übertragung des Kaisertitels an Ferdinand durch die Kurfürsten). Dennoch hatte Karl seine Amtsgeschäfte zu diesem Zeitpunkt weitestgehend abgegeben.[242]

Der Augsburger Religionsfrieden beendete vorerst die konfessionell, aber auch machtpolitisch motivierten Auseinandersetzungen im Reich, die mit dem Schmalkaldischen Krieg begonnen, aber weit über die Schlacht bei Mühlberg hinaus bis zum Fürstenaufstand und dem Zweiten Markgrafenkrieg angedauert hatten. Sie bescherten dem Reich eine über 60 Jahre währende Periode relativen Friedens. Erst mit dem Prager Fenstersturz 1618 brach der konfessionelle Konflikt erneut offen aus und mündete in den Dreißigjährigen Krieg, dessen Ende mit dem Westfälischen Frieden dann die endgültige Lösung der konfessionellen Frage im Reich mit sich bringen sollte.

240 Vgl.: Kohler: Karl V., S. 341–342.

241 Hierzu allgemein: Gotthard: Der Augsburger Religionsfrieden.

242 Vgl.: Kohler: Karl V., S. 349–355.

QUELLEN

Gedruckte Quellen

GERSDORFF, Hans von: Feldtbuch der Wundartzney/ newlich getruckt/und gebessert, o.O. 1535 [zit.: GERSDORFF: Feldtbuch der Wundartzney].

GIOVIO, Paolo: Eine warhafftige Beschreybung aller namhafftigen Geschichten, Basel 1560 [zit.: GIOVIO: Eine warhafftige Beschreybung].

Politische Korrespondenz des Herzogs und Kurfürsten Moritz von Sachsen. 6 Bde., 1900–2006. Hrsg. v. der Historischen Kommission der Sächsischen Akademie der Wissenschaften [zit.: PKMS].

Literatur

ÀGOSTON, Gábor: Empires and Warfare in east-central Europe, 1550–1770: the Ottoman-Habsburg rivalry and military transformation, in: TALLET, Frank/TRIM, D.J.B. (Hrsg.): European Warfare, 1350–1770, New York 2010, S. 110–134 [zit.: ÀGOSTON: Empires and Warfare].

ALEXI, S.: Die Münzprägung der Stadt Magdeburg a. 1550 und 1551, in: Zeitschrift für Numismatik 15 (1887), S. 55–66 [zit.: ALEXI: Die Münzprägung].

ANONYM: Zwei Landsknechte, Cranach-Schule, in: Historische Waffen- und Kostümkunde IX (1921/22), S. 72 [zit.: Zwei Landsknechte, Cranach-Schule].

ARNOLD, Thomas: The Renaissance at War, London 2001 [zit.: ARNOLD: Renaissance at War].

BADEA, Andreea: „Es trieb ihn längst zum Krieg in der Unruhe des Geistes". Markgraf Albrecht von Brandenburg-Kulmach und der Fürstenaufstand, in: FUCHS, Martina/ REBITSCH, Robert (Hrsg.): Kaiser und Kurfürst. Aspekte des Fürstenaufstandes 1552 (= Geschichte in der Epoche Karls V. 11), Münster 2011, S. 99–117 [zit.: BADEA: „Es trieb ihn längst zum Krieg in der Unruhe des Geistes"].

BAUMANN, Reinhard: Süddeutschland als Söldnermarkt, in: ROGGER, Philippe/HITZ, Benjamin (Hrsg.): Söldnerlandschaften. Frühneuzeitliche Gewaltmärkte im Vergleich (= Zeitschrift für Historische Forschung, Beiheft 49), S. 67–83 [zit.: BAUMANN: Süddeutschland als Söldnermarkt].

BAUMANN, Reinhard: Die deutschen Condottieri. Kriegsunternehmertum zwischen eigenständigem Handeln und „staatlicher" Bindung im 16. Jahrhundert, in: FÖRSTER, Stig/JANSEN, Christian/KRONENBITTER, Günther (Hrsg.): Rückkehr der Condottieri? Krieg und Militär zwischen staatlichem Monopol und Privatisierung: Von der Antike bis zur Gegenwart (= Krieg in der Geschichte 57), Paderborn u.a. 2010, S. 111–125 [zit.: BAUMANN: Die deutschen Condottieri].

BERENTELG, Hugo: Der Schmalkaldische Krieg in Nordwestdeutschland, Rostock 1908 [zit.: BERENTELG: Der Schmalkaldische Krieg].

BIPPEN, Wilhelm von: Die Abbildungen der Schlacht bei Drakenburg, in: Jahrbuch der bremischen Sammlungen, 1 (1908), S. 34–40 [zit.: BIPPEN: Die Abbildungen der Schlacht bei Drakenburg].

BLASCHKE, Karlheinz: Die Schlacht bei Mühlberg – Ein Markstein sächsischer Geschichte, in: Kurfürst Moritz und die Renaissance (= Dresdner Hefte 52), Dresden 1997, S. 10–18 [zit.: BLASCHKE: Die Schlacht bei Mühlberg].

BOTHMER, Karl Freiherr von: Die Schlacht vor der Drakenburg am 23. Mai 1547. Eine historisch-militärische Studie, in: Niedersächsisches Jahrbuch für Landesgeschichte 15 (1938), S. 85–104 [zit.: BOTHMER: Die Schlacht vor der Drakenburg].

BURKHARDT, Carl August Hugo: Die Wurzener Fehde, in: Archiv für die sächsische Geschichte, 4/1 (1865), S. 57–81 [zit.: BURKHARDT: Die Wurzener Fehde].

BÜTTNER, Ernst: Der Krieg des Markgrafen Albrecht Alcibiades in Franken: 1552–1555, o.O. 1908 [zit.: BÜTTNER: Der Krieg des Markgrafen Albrecht Alcibiades].

EDELMAYER, Friedrich: The Duke of Alba in the Holy Roman Empire, in: EBBEN, Maurits/LACY-BRUIJN, Margriet/ VAN HÖVELL TOT WESTERFLIER, Rolof (Hrsg.): Alba. General and Servant to the Crown, Rotterdam 2013, S. 208–225 [zit.: EDELMAYER: The Duke of Alba].

ENGEL, Wilhelm: Die Schlacht von Stadtschwarzach (1554), in: Altfränkische Bilder 55 (1956), S. 8–11 [zit.: ENGEL: Schlacht von Stadtschwarzach].

FATA, Márta: Die Rolle des Militärs in der habsburgischen Impopulationspolitik außerhalb der Militärgrenze in der Übergangszeit zwischen Krieg und Frieden (1686–1740), in: ASCHE, Matthias u.a. (Hrsg.): Krieg, Militär und Migration in der Frühen Neuzeit (Herrschaft und soziale Systeme in der Frühen Neuzeit 9), Berlin 2008, S. 251–264 [zit.: FATA, Márta: Die Rolle des Militärs].

FIEDLER, Siegfried: Taktik und Strategie der Landsknechte 1500–1650, Bonn 1985 [zit.: FIEDLER: Taktik und Strategie].

GOTTHARD, Axel: Der Augsburger Religionsfrieden, Münster 2004 [zit.: GOTTHARD: Der Augsburger Religionsfrieden].

HALE, John R.: War and Society in Renaissance Europe 1450–1620, Gloucestershire 1998 [zit.: HALE: War and Society].

HAUG-MORITZ, Gabriele: Der Schmalkaldische Bund 1530–1541/42. Eine Studie zu den genossenschaftlichen Strukturelementen der politischen Ordnung des Heiligen Römischen Reiches Deutscher Nation (= Schriften zur südwestdeutschen Landeskunde 44), Leinfelden-Echterdingen 2002 [zit.: HAUG-MORITZ: Der Schmalkaldische Bund].

HAUG-MORITZ, Gabriele: Johann Friedrich I. und der Schmalkaldische Bund, in: LEPPIN, Volker/SCHMIDT, Georg/WEFERS, Sabine (Hrsg.): Johann Friedrich I. – der lutherische Kurfürst (= Schriften des Vereins für Reformationsgeschichte 204), Heidelberg 2006, S. 85–100 [zit.: HAUG-MORITZ: Johann Friedrich I. und der Schmalkaldische Bund].

HELD, Wieland: 1547. Die Schlacht bei Mühlberg/ Elbe. Entscheidung auf dem Weg zum albertinischen Kurfürstentum Sachsen, Beucha 2014 [zit.: HELD: 1547].

HERRMANN, Johannes: Moritz von Sachsen (1521–1553). Landes-, Reichs- und Friedensfürst, Beucha 2003 [zit.: HERRMANN: Moritz von Sachsen].

ISSLEIB, Simon: Magdeburgs Belagerung durch Moritz von Sachsen 1550 bis 1551, in: NASG 5 (1884), S. 177–226, S. 273–308 [zit.: ISSLEIB: Magdeburgs Belagerung].

ISSLEIB, Simon: Moritz von Sachsen gegen Karl V. bis zum Kriegszuge 1552, in: NASG 6 (1885), S. 210–250 [zit.: ISSLEIB: Moritz von Sachsen gegen Karl V. bis zum Kriegszuge 1552].

ISSLEIB, Simon: Moritz von Sachsen gegen Karl V. 1552, in: NASG 7 (1886), S. 1–59 [zit.: ISSLEIB: Moritz von Sachsen gegen Karl V. 1552].

ISSLEIB, Simon: Von Passau bis Sievershausen 1552–1553, in: NASG 8, 1887, S. 41–103.

ISSLEIB, Simon: Die Wittenberger Kapitulation von 1547, in: NASG 12 (1891), S. 272–297 [zit.: ISSLEIB: Die Wittenberger Kapitulation].

ISSLEIB, Simon: Moritz von Sachsen 1547–1548, in: NASG 13 (1892), S. 188–220 [zit.: ISSLEIB: Moritz von Sachsen 1547–1548].

ISSLEIB, Simon: Die Gefangenschaft Philipps von Hessen 1547 bis 1552, in: NASG 14, 1893, S. 211–266.

ISSLEIB, Simon: Moritz von Sachsen und die Ernestiner. 1547–1553, in: NASG 24 (1903), S. 248–306 [zit.: ISSLEIB: Moritz von Sachsen und die Ernestiner].

KELLENBENZ, Hermann: Zur Geldbeschaffung der Protestanten im Schmalkaldischen Krieg, in: Blätter für deutsche Landesgeschichte 125 (1989), S. 13–41 [zit.: KELLENBENZ: Geldbeschaffung].

KOHLER, Alfred: Karl V. 1550–1558. Eine Biographie, München 2003 [zit.: KOHLER: Karl V.].

KOHLMANN, Johann Melchior: Kriegesmuth und Siegesfreude der protestantischen Stadt Bremen 1547. Oder: Andenken an die Belagerung Bremens (Febr. 20. – April 1. und April 19. – Mai 22.) und die Schlacht bei Drackenburg (den 23. Mai 1547), Bremen 1847 [zit.: KOHLMANN: Kriegesmuth und Siegesfreude].

KRÜGER, Kersten: Kriegsfinanzen und Reichsrecht im 16. und 17. Jahrhundert, in: KROENER, Bernhard R./PRÖVE, Ralf (Hrsg): Krieg und Frieden. Militär und Gesellschaft in der Frühen Neuzeit, Paderborn u.a. 1996, S. 47–58 [zit.: KRÜGER: Kriegsfinanzen].

LEHMANN, Kai: Der Schmalkaldische Bund, Schmalkalden-Meiningen 2017 [zit.: LEHMANN: Der Schmalkaldische Bund].

LENZ, Max: Eigenhändiger Bericht Christophs von Carlowitz an Landgraf Philipp über den Tod des Kurfürsten Moritz. Aus dem Marburger Archiv mitgetheilt, in: NASG 1 (1880), S. 86–93.

LIEBE, Georg: Waffenpreise 1537, in: Historische Waffen- und Kostümkunde II (1900–1902), S. 121 [zit.: LIEBE: Waffenpreise].

MILLER, Douglas/RICHARDS, John: Landsknechte 1486–1560, Sankt Augustin 2004 [zit.: MILLER/RICHARDS: Landsknechte].

MÖLLER, Hans-Michael: Das Regiment der Landsknechte. Untersuchungen zu Verfassung, Recht und Selbstverständnis in deutschen Söldnerheeren des 16. Jahrhunderts (= Frankfurter Historische Abhandlungen 12), Wiesbaden 1976 [zit.: MÖLLER: Das Regiment der Landsknechte].

NEUBAUER, Heinz-Joachim: Der Bau der großen Bastei hinter der Veste 1538–1545, in: Mitteilungen des Vereins für Geschichte der Stadt Nürnberg 69 (1982), S. 196–263 [zit.: NEUBAUER: Der Bau der großen Bastei].

NICKLAS, Thomas: Das Wagnis reichsfürstlicher Außenpolitik. Moritz von Sachsen zwischen Habsburg und Frankreich, in: BLASCHKE, Karlheinz: Moritz von Sachsen – Ein Fürst der Reformationszeit zwischen Territorium und Reich (= Quellen und Forschungen zur sächsischen Geschichte 29), S. 25–41 [zit.: NICKLAS: Das Wagnis].

ORTENBURG, Georg: Waffen der Landsknechte 1500–1650, Bonn 1984 [zit.: ORTENBURG: Waffen].

PAPKE, Eva: Der Ausbau der Festung Dresden unter Kurfürst Moritz, in: Kurfürst Moritz und die Renaissance (= Dresdner Hefte 52), Dresden 1997, S. 44–50 [zit.: PAPKE: Der Ausbau der Festung Dresden].

PARKER, Geoffrey: The Military Revolution. Military innovation and the rise of the West, 1500–1800, Cambridge 1988 [zit.: PARKER: The Military Revolution].

PAULUS, Christof: Sebastian Schertlin von Burtenbach im Schmalkaldischen Krieg, in: Zeitschrift für bayerische Landesgeschichte, 67/1 (2004), S. 47–84 [zit.: PAULUS: Sebastian Schertlin von Burtenbach im Schmalkaldischen Krieg].

PFAFFENBICHLER, Matthias: Die österreichischen Habsburger und der Protestantismus 1521 bis 1591, in: SYNDRAM, Dirk/WIRTH, Yvonne/ZERBE, Doreen: Luther und die Fürsten. Selbstdarstellung und Selbstverständnis des Herrschers im Zeitalter der Reformation. Aufsatzband, Dresden 2015, S. 281–296 [zit.: PFAFFENBICHLER: Die österreichischen Habsburger und der Protestantismus].

QUERENGÄSSER, Alexander: Von hegemonialer Überherrschung zur Landsässigkeit. Die Integration der mitteldeutschen Bistümer in die Herrschaftsverbände der Hohenzollern und Wettiner im Vergleich, in: GÖSE, Frank (Hrsg.): Die Reformation in Brandenburg

(= Schriften der Landesgeschichtlichen Vereinigung für die Mark Brandenburg, Neue Folge 8), Berlin 2017, S. 34–62 [zit.: QUERENGÄSSER: Von hegemonialer Überherrschung zur Landsässigkeit].

REDLICH, Fritz: The German Military Enterpriser and his Work Force. 2 Bde. (= Vierteljahrschrift für Sozial- und Wirtschaftsgeschichte, Beiheft 47), Wiesbaden 1964 [zit.: REDLICH: The German Military Enterpriser].

ROGG, Matthias: Landsknechte und Reisläufer: Bilder von Soldaten. Ein Stand in der Kunst des 16. Jahrhunderts (= Krieg in der Geschichte 5), Paderborn u.a. 2002 [zit.: ROGG, Matthias: Landsknechte und Reisläufer].

ROGG, Matthias: „Zerhauen und zerschnitten, nach adelichen Sitten“: Herkunft, Entwicklung und Funktion soldatischer Tracht des 16. Jahrhunderts im Spiegel zeitgenössischer Kunst, in: KROENER, Bernhard R./PRÖVE, Ralf (Hrsg): Krieg und Frieden. Militär und Gesellschaft in der Frühen Neuzeit, Paderborn u.a. 1996, S. 109–136 [zit.: ROGG: „Zerhauen und zerschnitten, nach adelichen Sitten“].

ROTHENBERG, Gunther Erich: The Austrian Military Border in Croatia 1522–1747, Urbana 1960 [zit.: ROTHENBERG: The Austrian Military Border].

SCHIRMER, Uwe: Umfang, Strukturen und Funktionen der albertinischen Staatsfinanzen. Untersuchungen zum Haushaltsjahr 1549/50, in: BLASCHKE, Karlheinz: Moritz von Sachsen – Ein Fürst der Reformationszeit zwischen Territorium und Reich (= Quellen und Forschungen zur sächsischen Geschichte 29), S. 133–162 [zit.: SCHIRMER: Staatsfinanzen].

SCHIRMER, Uwe: Die Finanzierung der Fürstenrebellion aus kursächsischer Perspektive. Kurfürst Moritz zwischen militärpolitischem Agieren und finanzpolitischen Strukturen 1549/50–1553), in: FUCHS, Martina/REBITSCH, Robert (Hrsg.): Kaiser und Kurfürst. Aspekte des Fürstenaufstandes 1552 (= Geschichte in der Epoche Karls V. 11), Münster 2011, S. 71–82 [zit.: SCHIRMER: Die Finanzierung der Fürstenrebellion].

SCHMIDT, Georg: Gegen den Kaiser, für das Reich. Die Glaubensbündnisse der Protestanten, in: SYNDRAM, Dirk/WIRTH, Yvonne/ZERBE, Doreen: Luther und die Fürsten. Selbstdarstellung und Selbstverständnis des Herrschers im Zeitalter der Reformation. Aufsatzband, Dresden 2015, S. 297–308 [zit.: SCHMIDT: Die Glaubensbündnisse der Protestanten].

SCHMIDT, Georg: Kein Staat zu machen mit den Ernestinern?, in: WESTPHAL, Siegrid/HAHN, Hans-Werner/SCHMIDT, Georg (Hrsg.): Die Welt der Ernestiner. Ein Lesebuch, Köln – Weimar – Wien 2016, S. 127–136 [zit.: SCHMIDT, Georg: Kein Staat zu machen].

SCHNITTER, Helmut/SCHMIDT, Thomas: Absolutismus und Heer (Militärhistorische Studien, Neue Folge 25), (Ost-) Berlin 1987 [zit.: SCHNITTER/SCHMIDT: Absolutismus und Heer].

SCHÜTZ, Adolf: Der Donaufeldzug Karls V. im Jahre 1546. Mit 7 Kartenskizzen, Tübingen 1930 [SCHÜTZ: Der Donaufeldzug].

STERN, Max: Leipzig und der Schmalkaldische Krieg, in: HEHL, Ulrich von (Hrsg.): Stadt und Krieg. Leipzig in militärischen Konflikten vom Mittelalter bis ins 20. Jahrhundert, Leipzig 2015, S. 71–98 [zit.: STERN: Leipzig].

STIEVERMANN, Dieter: Kurfürst Johann Friedrich von Sachsen, seine hegemoniale Stellung und der Schmalkaldische Krieg, in: SCHMIDT, Georg/WEFERS, Sabine (Hrsg.): Johann Friedrich I. – der lutherische Kurfürst (= Schriften des Vereins für Reformationsgeschichte 204), Heidelberg 2006, S. 101–125 [zit.: STIEVERMANN: Kurfürst Johann Friedrich von Sachsen].

TALLETT, Frank: War and Society in Early Modern Europe, 1495–1715, London – New York 1992 [zit.: TALLETT: War and Society].

VOIGT, Johannes: Markgraf Albrecht Alcibiades von Brandenburg-Kulm, Berlin 1852 [zit.: VOIGT: Markgraf Albrecht Alcibiades].

WARTENBERG, Günther: Der Kampf zwischen Kaiser und protestantischen Fürsten: sächsische Politik unter Moritz von Sachsen zwischen 1546 und 1552, in: Kurfürst Moritz und die Renaissance (= Dresdner Hefte 52), Dresden 1997, S. 19–26 [zit.: WARTENBERG: Der Kampf zwischen Kaiser und protestantischen Fürsten].

WINTER, Christian: Kurfürst Moritz von Sachsen als Haupt der reichsständischen Opposition gegen Kaiser Karl V., in: FUCHS, Martina/REBITSCH, Robert (Hrsg.): Kaiser und Kurfürst. Aspekte des Fürstenaufstandes 1552 (= Geschichte in der Epoche Karls V. 11), Münster 2011, S. 51–69 [zit.: WINTER: Kurfürst Moritz].

XENAKIS, Stefan: Gewalt und Gemeinschaft. Kriegsknechte um 1500 (= Krieg in der Geschichte 90), Paderborn 2015 [zit.: XENAKIS: Gewalt und Gemeinschaft].

Alexander Querengässer & Sascha Lunyakov

Der Deutsche Orden im 13-jährigen Krieg 1454-1466

Ritterbrüder und Söldnerheere im 15. Jahrhundert

Der vorliegende Band beschäftigt sich mit dem Heerwesen dieses letzten bedeutenden Konflikts in der Geschichte des Deutschen Ordens. Neben der Zusammensetzung der einzelnen Heere werden auch die Ausrüstung und der taktische Einsatz der Söldnerheere analysiert und der Verlauf des Dreizehnjährigen Krieges nachgezeichnet. Somit ergibt sich ein facettenreiches Bild der spätmittelalterlichen Militärgeschichte.

Paperback, zeitgenössische Abbildungen, drei Karten,
7 ganzseitige Farbzeichnungen.
64 Seiten.

Rolf Fuhrmann

Der Deutschorden

Von Akkon bis zum Baltikum
Die Armee 1198 - 1420

Der Autor schildert die wesentlichen Stationen der Geschichte des Deutschordens und stellt die verschiedenen Ordensangehörigen vor, ihre Ausrüstung und Bewaffnung sowie die Hilfskräfte, die in den Kämpfen zum Einsatz kamen. Der zeitliche Schwerpunkt der Darstellung liegt zwischen Gründung des Ordens und der ersten Hälfte des 15. Jh.

Durchgehend farbige Abbildungen und ganzseitige Farbtafeln.
60 Seiten.

Alle Hefte aus der Reihe Heere & Waffen:

Heft 1 ~ Die Templer
Heft 2 ~ Hannibals Armee
Heft 3 ~ Die spanischen Guerillas
Heft 4 ~ Die US-Kavallerie, 1865-1890
Heft 5 ~ Die Langen Kerls
Heft 6 ~ Der Deutschorden
Heft 7 ~ Tannenberg 1410
Heft 8 ~ Die Armeen des Alten Orient
Heft 9 ~ Die Samurai der Sengoku-Zeit (Teil 1)
Heft 10 ~ Die Samurai der Sengoku-Zeit (Teil 2)
Heft 11 ~ Das Heer des Arminius
Heft 12 ~ Die Fahnen von Waterloo
Heft 13 ~ Die Sächsische Armee 1810-1813
Heft 14 ~ Das Heer des Varus (Teil 1)
Heft 15 ~ Die Bayerische Armee 1806-1813
Heft 16 ~ Der Tolle Halberstädter
Heft 17 ~ Das Heer des Varus (Teil 2)
Heft 18 ~ Die etatmäßigen Dienstgrade und Dienststellungen in der französischen Armee 1804-1815
Heft 19 ~ Das fränkische Heer der Merowingerzeit (Teil 1)
Heft 20 ~ Das fränkische Heer der Merowingerzeit (Teil 2)
Heft 21 ~ Die Armee Augusts des Starken im Nordischen Krieg
Heft 22 ~ Das fränkische Heer der Merowingerzeit (Teil 3)
Heft 23 ~ Feldmarschall Pappenheim
Heft 24 ~ Die Streitkräfte Schleswig-Holsteins während der Erhebung 1848-1850
Heft 25 ~ Die Heere der Hussiten (Teil 1)
Heft 26 ~ Die Heere der Hussiten (Teil 2)
Heft 27 ~ Der preußische Infanterist im badischen Feldzuge 1849
Heft 29 ~ Der Deutsche Orden im 13-jährigen Krieg
Heft 30 ~ Die Burgunderkriege
Heft 31 ~ Die Heere des Schmalkaldischen Krieges
Heft 32 ~ Die Ennetbirgischen Feldzüge